LA MÉGÈRE APPRIVOISÉE
THE TAMING OF THE SHREW

Du même auteur
dans la même collection

RICHARD III – ROMÉO ET JULIETTE – HAMLET.
OTHELLO – LE ROI LEAR – MACBETH.
LE MARCHAND DE VENISE – BEAUCOUP DE BRUIT POUR RIEN – COMME IL VOUS PLAIRA.
LES DEUX GENTILSHOMMES DE VÉRONE – LA MÉGÈRE APPRIVOISÉE – PEINES D'AMOUR PERDUES.
TITUS ANDRONICUS – JULES CÉSAR – ANTOINE ET CLÉOPÂTRE – CORIOLAN.
LE SONGE D'UNE NUIT D'ÉTÉ – LES JOYEUSES COMMÈRES DE WINDSOR – LE SOIR DES ROIS.

Bilingues

BEAUCOUP DE BRUIT POUR RIEN (traduction de Marcelle Sibon).
HENRY V (traduction de Sylvère Monod).
MACBETH (traduction de Pierre Jean Jouve et Georges Pitoëff).
LE MARCHAND DE VENISE (traduction de Jean Grosjean).
ROMÉO ET JULIETTE (traduction de Pierre Jean Jouve).
LA TEMPÊTE (traduction de Pierre Leyris).
LA NUIT DES ROIS (traduction de Pierre Leyris).
HAMLET (traduction de François Magrin).

SHAKESPEARE

LA MÉGÈRE APPRIVOISÉE
The taming of the shrew

Texte original et traduction de Marcelle Sibon

Préface par
Sir Arthur QUILLER-COUCH

Notice par
R.G. COX

GF-Flammarion

© Le Club Français du Livre
© 1993, Flammarion, Paris, pour cette édition
ISBN : 2-08-070743-4

PRÉFACE

Tenir pour étant de Shakespeare seul une pièce publiée sous son nom dans le Premier Folio de 1623 par Heminge et Condell (qui le connaissaient) semble raisonnable en l'absence de fortes preuves de collaboration avec d'autres. Proposer que le texte qui nous est parvenu repose sur des exemplaires de comédiens ou de souffleurs paraît encore la solution la plus simple et la plus économique de toutes les difficultés que pose la critique textuelle de Shakespeare. C'est ce qu'ont établi A. W. Pollard et d'autres avec une évidence qui ridiculise les vieilles prétentions des savants à assigner tel vers ou tel autre à un ou à plusieurs collaborateurs présumés. Dans LA MÉGÈRE APPRIVOISÉE, nous avons deux illustrations des dangers de la théorie collaborationniste. En premier lieu, notre comédie, par son intrigue et son titre même, présente une affinité étroite et indiscutable avec une autre comédie, anonyme, intitulée *Une Mégère apprivoisée* et publiée en 1594, au point que les libraires de l'époque confondaient les deux publications. Or, cette pièce anonyme contient non seulement plusieurs séries de vers imités de Marlowe, mais une ou deux séries de vers *de* Marlowe tirés de *Tamerlan* et de *Faust*. Et cependant il est à peu près impossible que Marlowe ait écrit la pièce ou y ait collaboré d'une manière quelconque.

Ensuite, si l'on part de l'idée qu'une grande partie de la pièce n'est pas de Shakespeare, on aboutit très vite au dilemme suivant : ou bien Shakespeare a tout écrit, ou bien nous devons créer pour les besoins de la cause un collaborateur anonyme si merveilleusement doué qu'il est capable, à tout bout de champ et sans crier gare, de se montrer grand poète, dramaturge habile et parfait imbécile. En effet, le bon se cache dans le mauvais, le mauvais dans le bon, au point que faire le tri et rendre à chacun son bien est une entreprise par trop téméraire. C'est pourquoi l'on retombe habituellement dans

la théorie du collaborateur bouc émissaire, que l'on sacrifie pour tous les péchés, réels ou supposés, de Shakespeare.
Or, nous savons que Shakespeare, tout comme un autre, était capable de commettre de graves péchés d'écriture, inévitables peut-être chez un écrivain aussi « universel ». Parce que nous le fréquentons depuis longtemps et aussi parce que nous avons quelque connaissance des caractéristiques de plusieurs autres écrivains, nous nous autorisons à aventurer notre opinion — rien que notre opinion — sur une pièce ou une scène controversée, et à affirmer avec quelque certitude qu'elle est ou n'est pas de Shakespeare. Mais le critique exagère qui prétend prendre n'importe quelle pièce, la disséquer vers par vers et distribuer les portions à A, B ou C, écrivains réels ou seulement supposés. Le flair ne va pas si loin.
On commet encore une erreur en tenant pour constant qu'un écrivain de génie améliore nécessairement son œuvre en la retouchant. Qui oserait le prétendre de Wordsworth ou de Burns, par exemple? Et si un poème peut souffrir des soins de son auteur, à plus forte raison une pièce élizabéthaine exposée dès sa naissance aux bons offices des comédiens, des souffleurs et des plagiaires.
Arioste avait écrit une comédie, *I Suppositi*, et l'avait fait représenter avec succès dans sa ville de Ferrare, sous le patronage du frère du duc, le magnifique et méchant cardinal, puis à Rome avec un succès encore plus grand, avant de la refaire en mauvais vers, dédaignés ensuite par George Gascoigne quand il en fit une traduction en prose anglaise.
LA MÉGÈRE et *Une Mégère* s'inspirent manifestement du travail de Gascoigne.
L'eau nous vient à la bouche à la pensée soudaine que deux esprits de la trempe d'Arioste et de Shakespeare ont été ici presque en contact. Mais le résultat de ce choc est malheureusement nul, du fait surtout que les comédies d'Arioste, populaires de son temps, sont elles-mêmes nulles et sans commune mesure avec leur auteur. Tout ce que Shakespeare tire d'Arioste, ce sont les ressorts très conventionnels de *I Suppositi*, après quoi la pièce semble épuisée pour lui. Elle n'a rien, en effet, de l'humour et de l'humanité de l'histoire de la mégère et de son dompteur.

PRÉFACE

Revenons donc à ce qui fait l'intérêt de notre pièce, à l'« Induction » et aux affaires de Petruchio et de Catarina. On aura tôt fait d'en fixer les « sources » ou la « dérivation » : le thème de l'ivrogne endormi et réveillé en pleine mystification remonte au moins à l'histoire d'Abou Hassan, dans les *Mille et Une Nuits*, et celui de la femme acariâtre domptée est aussi vieux que l'humanité. Qui n'a pas eu un grand-père capable de broder là-dessus à la veillée mille variations puisées dans la tradition locale ? L'affaire du pari sur les épouses, à la fin de la pièce, est encore pur folklore. Les mégères, et les histoires qu'on en raconte, sont tenaces dans la mémoire des vieux qui se souviennent du temps des sellettes faites tout exprès pour les plonger dans la rivière. Ce genre de verve robuste, insufflée dans l'intrigue italienne un peu pâlotte, donne à LA MÉGÈRE un bouquet bien anglais et bien élizabéthain. *I Suppositi* prennent d'ailleurs poliment leur revanche en civilisant ce qui, dans LA MÉGÈRE, est grossier, et impardonnablement grossier quand les plus gros mots sortent de la bouche de Catarina. On peut même reconnaître qu'à ce point de vue, LA MÉGÈRE n'a pas résisté aux siècles aussi bien que les meilleures pièces de Shakespeare. La matière en est brute, primitive. Notre époque n'admet peut-être plus la chevalerie des Cours d'Amour ni l'idéalisation de la femme dont le culte de Marie répandait la noble coutume dans les cours et les tournois ; notre époque peut comprendre, en lisant Chaucer, la concomitance de *Troïle* ou de l'*Histoire du Chevalier* avec les récits les plus salaces de ses pèlerins et voir tout cela réconcilié dans le *Prologue* ou l'*Histoire de la Femme de Bath*. Mais notre époque, pour le meilleur ou pour le pire, ne voit plus la Femme ni son vœu d'obéissance dans le mariage tout à fait dans les termes suivants :

> Épagneul, femme, noyer,
> Plus vous les fouettez, mieux ils se comportent.

Disons franchement qu'à la lecture, toute cette affaire de Petruchio et de Catarina, avec ses rodomontades, ses remontrances et ses vols planés de viandes, doit fatiguer l'homme et offenser la femme de goût moderne. C'est dru,

LA MÉGÈRE APPRIVOISÉE

criard, comme le rire des fêtes de village, où d'honnêtes rustres gagnent des prix en faisant des grimaces dans des harnais.

Ne nous extasions pas non plus sur la composition. Johnson disait que « les deux intrigues de cette pièce sont si bien liées que l'on ne peut guère les séparer sans faire affront à l'art qui les a unies ». En fait, LA MÉGÈRE est pleine de « bavures », de répliques qui exigent que tel ou tel personnage sache quelque chose que l'auteur n'a pas daigné nous faire connaître (preuves de coupures et de rafistolages). Le héros Petruchio, natif de Vérone, tombe dans l'intrigue padovane comme marée en carême et la mène tambour battant. Quiconque rencontre quelqu'un dans la rue, d'où qu'il vienne, connaît son père et sa réputation. Quant au boniment des domestiques, d'ordinaire si intéressant chez Shakespeare, il est ici aussi bête que tout ce que les savants ont essayé de mettre sur le compte de ses « collaborateurs » dans n'importe quelle pièce.

Une Mégère et LA MÉGÈRE sont toutes deux coiffées d'une *Induction*, où un ivrogne endormi est trouvé sur le chemin par un seigneur rentrant de la chasse, qui le mystifie — comme le calife Haroun al Rachid mystifia Abou Hassan — en le faisant porter chez lui par ses gens et richement habiller, puis, grâce à une mise en scène solennelle où participe toute la maisonnée, en lui faisant croire qu'il est un grand seigneur revenu à lui après une longue démence. C'est dans ce cadre, et pour le divertissement de la victime que la comédie qui justifie le titre est jouée. La forme de la scène et de la salle des théâtres élizabéthains se prêtait fort bien à ce genre d'encadrement et à de multiples variations : les acteurs-spectateurs pouvaient être placés soit sur l'une des scènes proprement dites, séparés des spectateurs véritables, soit parmi ceux-ci, avec licence d'interrompre l'action de leurs commentaires et de leurs « gags ».

C'est une tradition d'admirer l'*Induction* de LA MÉGÈRE et d'affirmer sa supériorité sur celle de la pièce anonyme. Nous ne sommes pas entièrement d'accord. Cette *Induction* n'est du bon Shakespeare et bien faite que jusqu'à un certain point. Ensuite, le propos s'amenuise et se perd : Sly disparaît à la fin de la scène I de l'Acte et n'est plus que silence.

PRÉFACE

Nous pouvons affirmer en toute modestie que l'auteur laisse passer mainte excellente occasion de le faire parler drôlement. Son rôle se termine sur ce louable commentaire :

> C'est du travail fort habilement fait, Madame la Dame, mais je voudrais bien en voir la fin.

Mais à ce moment, il aurait pu quitter la scène en beauté et aller ponctuer le reste de la comédie de ses ronflements dans la coulisse. De toutes manières, nous aimerions savoir ce qu'il devient à la fin, et cette petite satisfaction, l'auteur d'*Une Mégère* nous l'avait au moins donnée. Mais, au fait, n'était-il pas Shakespeare ? C'est ce dénouement « manifestement meilleur » qui faisait attribuer *Une Mégère* à Shakespeare par Pope, quoique non sans réserves. Dans cette pièce, les serviteurs remettent le pauvre diable endormi sur son banc, devant l'auberge où il avait été trouvé. Il est possible d'ailleurs que, dans LA MÉGÈRE, Sly termine la pièce d'un ronflement sonore qui ne nous est pas parvenu. Ou encore, notre attente est absurde et le meilleur dénouement est de laisser tomber le rideau sur le silence. Tout de même, il n'est pas de règle qu'un auteur attire aussi subtilement l'attention sur l'insignifiance de ses propres créatures. On peut encore supposer que Shakespeare a distribué ses acteurs dans la salle et laissé à leur génie le soin d'improviser des saillies, lesquelles n'auraient pas été inscrites sur le manuscrit et n'auraient donc jamais eu l'honneur de l'impression. Mais tout ceci, avouons-le tout net, n'est que conjecture.

Appeler LA MÉGÈRE un chef-d'œuvre n'est pas seulement flatter indûment le nom de Shakespeare, mais pis. Accepté, un tel jugement déprécierait la critique et lui interdirait l'intelligence du génie, de sa grandeur d'une part, et, ce qui est aussi important, des fautes dont il n'est pas exempt d'autre part. Nous estimons que quiconque range, dans l'art de la comédie, LA MÉGÈRE avec, disons, LA NUIT DES ROIS ou LA TEMPÊTE, est incapable de saisir la portée du génie de Shakespeare. Prétendre que LA MÉGÈRE, avec sa poésie de novice, est comparable au SONGE D'UNE NUIT D'ÉTÉ, est une affectation aussi sotte que celle des critiques qui affirment que l'intrigue secondaire (tirée d'Arioste) est un chef-d'œuvre. Il suffit d'y regarder d'un peu près pour voir qu'elle est cousue de fil blanc. Néanmoins, ce qui est gênant pour le critique littéraire, c'est que, si LA MÉGÈRE se lit assez mal, elle se joue admirablement, malgré cette autre affectation de nombreux metteurs en scène et adaptateurs d'en supprimer l'*Induction*, seule partie qui soit du meilleur Shakespeare. Le 9 avril 1667, Samuel Pepys se rendit au Théâtre Royal et y vit

> Une *Mégère apprivoisée*, où il y a de très bons morceaux, quoique dans l'ensemble ce soit une méchante pièce. Le meilleur rôle est celui de « Sawny », tenu par Tracy, mais il perd la moitié de sa vie, du fait que ce que Tracy disait n'était pas compris, du moins par moi.

Pepys parle de l'adaptation de Lacy, très populaire sous la Restauration, où Grumio est devenu Sawny l'Ecossais, à l'accent à peu près incompréhensible pour les Méridionaux de Londres. Lacy avait supprimé l'*Induction*.

Etant une pièce qui invite à la rodomontade, l'exige même à certains endroits, LA MÉGÈRE force généralement Petruchio à donner exagérément de la voix, à gueuler comme un butor. Et pourtant, cette enveloppe de brute cache une délicatesse que le rôle est tenu d'exprimer et qui plaît. Chargé du dressage de sa mégère, il s'y consacre avec toute la sévérité requise. Mais lors même qu'il bat la campagne, terrifiant ses gens et son tailleur pour l'édification de Catarina, il ne lui parle jamais que d'une manière courtoise et modérée, ironique certes par l'excès même de courtoisie, mais délicate et raffinée. Il est remarquable que, dans toute la série d'épreuves qu'il lui impose, il ne prononce jamais de ces paroles malvenues qui blessent une femme de cœur plus que la violence même et qu'elle ne pardonne pas souvent ni n'oublie jamais tout à fait. Pour peu que l'acteur qui joue Petruchio sache rendre cette délicatesse sous-jacente, la pièce ne peut jamais manquer de réussir sur la scène.

Quant à Catarina, il faut être piètre lecteur de Shakespeare pour ne pas reconnaître sous son masque agressif un caractère de femme selon le cœur de notre auteur, femme éminemment mariable et bien disposée envers la conjugalité; une Béatrice fortifiée, mais brûlant au fond, derrière ses murailles, de se rendre sans conditions. La vraie querelle qui l'oppose à sa sœur Bianca (petit chat de luxe, gorgé de caresses, mais

PRÉFACE

non dépourvu de griffes) s'exprime dans ce vers qu'elle jette à la face de son père :

Elle est votre trésor, *à elle* il lui faut un mari.

Et y a-t-il de plus joli dénouement dans tout Shakespeare que sa soumission finale :

Je vais te donner un baiser. A présent, restons, mon amour, je t'en prie.

Les mégères n'ont jamais manqué depuis Xantippe ou depuis que Salomon découvrit qu'une femme acariâtre est un fléau, et il serait peut-être indiscret pour un critique de discuter autrement que du point de vue historique des traitements qu'il convient de leur appliquer. Celui de Petruchio, un peu rude, est passé de mode. Mais si l'on écarte le présent, qui n'est pas encore de l'histoire, et qu'on passe en revue chez Dickens (le plus fécond de nos inventeurs depuis Shakespeare) la longue galerie des femmes qui rendent la vie domestique impossible par des moyens variés et odieux, on ne peut s'empêcher de méditer avec une pointe de nostalgie sur la discipline petruchienne. Sans doute ces fléaux du foyer sont-ils le salaire de notre bourgeoisie, qui laisse ses femmes à la maison pour vaquer à la routine des affaires : le grand seigneur féodal ne les aurait jamais tolérées, non plus que son serf à la main leste. Disons simplement que L A M É G È R E A P P R I V O I S É E appartient à une époque. Notre auteur n'a pas l'habitude d'imposer des morales toutes faites. Si nous en voulons une, c'est à nous de la prendre sur le vif. Shakespeare n'enseigne expressément nulle part, si ce n'est toutefois la valeur de la charité dans l'interprétation de la justice. Il n'expose jamais de croyance ou de dogme, mais exhorte, par une influence douce et constante, au courage et à la noblesse d'âme. Aussi peut-on sans paradoxe appliquer à cette pièce même, si brutale soit-elle, la parole de saint Jérôme sur le fils de Sirach, et affirmer que nous lisons Shakespeare non pour nous faire une doctrine, mais pour épurer nos mœurs.

NOTICE

PAR R. G. COX

TEXTE. *Premier Folio de 1623, qu'un Quarto se contente de reproduire en 1631. Une autre pièce, intitulée* Une Mégère apprivoisée (The Taming of a shrew), *avait été publiée en 1594 et rééditée en 1596. On a longtemps pensé qu'*Une Mégère *avait fourni à Shakespeare et à un collaborateur inconnu un texte de base pour* La Mégère. *Mais Alexander et Dover Wilson attribuent les deux pièces à Shakespeare, et tiennent* Une Mégère *pour un mauvais Quarto de* La Mégère. *Cependant Chambers note que les rapprochements textuels sont très rares et que les noms des personnages sont différents. Le fait que les libraires du temps ne faisaient aucune différence entre les deux pièces n'est pas pour éclaircir le mystère.*

DATE. *La pièce ne figure pas dans la liste des œuvres de Shakespeare donnée par Francis Meres en 1598, et certains en ont conclu que la pièce n'était pas antérieure à 1598. Il se peut, cependant, qu'elle figure sur la liste sous le nom de* Peines d'amour gagnées (Love labours won), *car la versification et le style paraissent la situer vers et plutôt avant 1594. La mention par Henslowe d'une représentation d'*Une Mégère *en juin 1594 peut s'appliquer à l'une ou à l'autre des deux pièces, puisqu'elles étaient généralement confondues. Chambers penche pour 1594.*

ATTRIBUTION. *Très controversée, quant au rôle de Shakespeare. Certains savants comme Dowden et Grant White ne lui accordent que les scènes Petruchio-Catarina, ainsi que l'« Induction », où figurent tant de noms du Warwickshire. Le reste aurait été écrit par un collaborateur inconnu. E. P. Kuhl attribue toute la pièce à Shakespeare. Dover Wilson rejette la théorie de la collaboration, mais pense que Shakespeare a refait une pièce ancienne perdue.*

NOTICE

SOURCES. *C'est cette pièce hypothétique qui serait, selon Dover Wilson, la source immédiate de* La Mégère, *et non* Une Mégère, *comme l'avancent d'autres critiques. L'histoire du « dressage » d'une virago remonte, à travers le folklore universel, jusqu'aux* Mille et Une Nuits. *L'intrigue subsidiaire des amours de Bianca existe dans la pièce d'Arioste* I Supposti, *traduite et représentée par George Gascoigne en 1566 sous le titre* The Supposes.

REPRÉSENTATIONS. *La réédition de 1631 montre que la pièce restait en faveur. Elle fut encore jouée en 1633 à la Cour, puis adaptée, d'abord par Lacy sous Charles II, puis par Garrick au XVIIIe siècle. Le texte de Shakespeare n'évinça cette version très populaire qu'en 1837, mais a été joué régulièrement depuis lors dans de nombreux pays.*

CRITIQUE. *Modérée. Le Dr. Johnson loue l'art avec lequel les deux intrigues principales sont liées entre elles et trouve la pièce « populaire et divertissante ». Hazlitt la considère comme la seule des comédies de Shakespeare qui ait « une intrigue régulière et une morale décidée » et reconnaît en Christophe Sly un personnage de la lignée de Sancho Pança. Charlton et E. C. Pettet notent le ton antiromanesque, mais, dit le premier, « ce n'est qu'en niant l'existence même du romanesque que Shakespeare s'en délivre momentanément ».*

LA MÉGÈRE APPRIVOISÉE
TRADUCTION DE MARCELLE SIBON

Scene : Padua, and Petruchio's house in the country.

CHARACTERS IN THE PLAY

(a) The Induction

A Lord.
CHRISTOPHER SLY, *a drunken tinker.*
A Hostess.
Page, Players, Huntsmen, and Servants attending on the Lord.

(b) The Taming of the Shrew

BAPTISTA, *a rich gentleman of Padua.*
VINCENTIO, *an old gentleman of Pisa.*
LUCENTIO, *son to Vincentio, in love with Bianca.*
PETRUCHIO, *a gentleman of Verona, suitor to Katharina*
GREMIO
HORTENSIO } *suitors to Bianca.*
TRANIO
BIONDELLO, *a boy* } *servants to Lucentio.*
GRUMIO, *a man of small stature, Petruchio's lackey.*
CURTIS, *an aged serving-man, in charge of Petruchio's house in the country.*
NATHANIEL
PHILIP
JOSEPH } *other servants to Petruchio.*
NICHOLAS
PETER
A Pedant of Mantua.

La scene : Padoue et la maison de campagne de Petruchio.

PERSONNAGFS

Prologue

Un Lord.
CHRISTOPHE SLY, *rétameur ivrogne.*
Une hôtesse.
Page, acteurs, chasseurs et serviteurs du Lord.

La Mégère apprivoisée.

BAPTISTA, *riche gentilhomme de Padoue.*
VINCENTIO, *vieux gentilhomme de Pise.*
LUCENTIO, *fils de Vincentio, amoureux de Bianca.*
PETRUCHIO, *gentilhomme de Vérone, prétendant de Catarina.*
GREMIO
HORTENSIO } *prétendants de Bianca.*
TRANIO
BIONDELLO, *jeune garçon* } *serviteurs de Lucentio.*
GRUMIO, *homme de petite taille, laquais de Petruchio.*
CURTIS, *vieux domestique, en charge de la maison de campagne de Petruchio.*
NATHANIEL
PHILIPPE
JOSEPH } *autres serviteurs de Petruchio.*
NICOLAS
PIERRE
Un pédagogue de Mantoue.

THE TAMING OF THE SHREW

KATHARINA, *the Shrew*
BIANCA } *daughters to Baptista.*

A Widow.

Tailor, Haberdasher, and Servants attending on Baptista and Petruchio.

LA MÉGÈRE APPRIVOISÉE

CATARINA : *la Mégère* \
BIANCA } *filles de Baptista.* \
Une veuve.

Tailleur, mercier, valets au service de Baptista et de Petruchio.

THE
TAMING OF THE SHREW

THE INDUCTION

[i.] Before an alehouse on a heath.

The door opens and SLY *staggers out, driven forth by the Hostess.*

SLY.
I'll feeze you, in faith.
HOSTESS.
A pair of stocks, you rogue!
SLY.
Y'are a baggage, the Slys are no rogues... Look in the chronicles, we came in with Richard Conqueror... Therefore paucas pallabris, let the world slide: sessa!
HOSTESS.
You will not pay for the glasses you have burst?
SLY.
No, not a denier... Go by, S. Jeronimy—go to thy cold bed, and warm thee.

[*he totters forward and falls beneath a bush.*

HOSTESS.
I know my remedy, I must go fetch the third-borough.

[*she goes off.*

SLY.
10 Third, or fourth, or fifth borough, I'll answer him by law... I'll not budge an inch, boy: let him come, and kindly.

[*'falls asleep' and begins to snore.*
There is a sound of horns. A lord and his train are seen crossing the heath, as from hunting.

LORD.
Huntsman, I charge thee, tender well my hounds.
† Broach Merriman—the poor cur is embossed,
And couple Clowder with the deep-mouthed brach.

LA MÉGÈRE APPRIVOISÉE

PROLOGUE

[1.]   Une lande. La scène se passe devant un cabaret

La porte s'ouvre. SLY *sort, chassé par l'Hôtesse.*

SLY.
Je t'étrillerai, foi de Sly!
L'HOTESSE.
Aux ceps... canaille!
SLY.
Insolente bougresse! Les Sly, de la canaille?... Va donc lire les chroniques : nous sommes arrivés avec Richard le Conquérant. Alors, *paucas pallabris* [1] et vogue la galère. Paix!
L'HOTESSE.
Tu ne veux pas payer les verres que tu as cassés?
SLY.
Non, pas un denier... Va, va, saint Jeronimie [2], te réchauffer aux frimas de ton lit.   *(Il chancelle et s'écroule.)*
L'HOTESSE.
Je sais ce qu'il me faut. Je m'en vas quérir le quartenier [3].

Elle sort.

SLY.
Quartenier, tiercenier, cintenier, on le recevra la loi à la main... Je ne bouge pas d'un pouce. Mort beuf de boys! [4]... Qu'il vienne, qu'il vienne, et comment donc!

Il 's'endort'.
Fanfare de cors. Un Lord et sa suite approchent, rentrant de la chasse.

LE LORD.
Piqueur, je t'en prie, prends grand soin de mes chiens. Saigne Pimpant : la pauvre bête écume de fatigue. Accouple Noiraud avec la lice à large gueule. As-tu vu, petit, comme

THE TAMING OF THE SHREW

i. 15

Saw'st thou not, boy, how Silver made it good
At the hedge corner, in the coldest fault?
I would not lose the dog for twenty pound.
   1 HUNTSMAN.
Why, Belman is as good as he, my lord—
He cried upon it at the merest loss,
20 And twice to-day picked out the dullest scent.
Trust me, I take him for the better dog.
   LORD.
Thou art a fool. If Echo were as fleet,
I would esteem him worth a dozen such...
But sup them well, and look unto them all.
To-morrow I intend to hunt again.
   1 HUNTSMAN.
I will, my lord.

                              [*they see Sly*

   LORD.
What's here? one dead, or drunk? See, doth he breathe?
   2 HUNTSMAN.
He breathes, my lord. Were he not warmed with ale,
This were a bed but cold to sleep so soundly.
   LORD.
30 O monstrous beast! how like a swine he lies!
Grim death, how foul and loathsome is thine image...
Sirs, I will practise on this drunken man...
What think you, if he were conveyed to bed,
Wrapped in sweet clothes, rings put upon his fingers,
A most delicious banquet by his bed,
And brave attendants near him when he wakes,
Would not the beggar then forget himself?
   1 HUNTSMAN.
Believe me, lord, I think he cannot choose.
   2 HUNTSMAN.
It would seem strange unto him when he waked.
   LORD.
40 Even as a flatt'ring dream or worhtless fancy...
Then take him up, and manage well the jest:
Carry him gently to my fairest chamber,
And hang it round with all my wanton pictures:
Balm his foul head with warm distilléd waters,
And burn sweet wood to make the lodging sweet:

24

LA MÉGÈRE APPRIVOISÉE

Vif Argent a relevé au tournant de la haie le défaut le plus froid [5] ? Je ne voudrais pas perdre ce chien pour vingt livres.
PREMIER PIQUEUR.
Eh, milord, Grelot le vaut bien. Il a donné de la voix quand la piste était complètement brouillée et, deux fois aujourd'hui, il a retrouvé le fumet éventé. Croyez-moi, c'est le meilleur des deux.
LE LORD.
Tu n'es qu'un sot. Si Écho était aussi rapide, j'estime qu'il en vaudrait douze comme Grelot. Mais, fais-les bien souper et tiens-les en bonne forme. Demain, je veux chasser encore.
PREMIER PIQUEUR.
Comptez sur moi, Milord.

Ils aperçoivent Sly.

LE LORD.
Qu'est cela ? Est-il ivre, ou mort ? Voyez donc, respire-t-il ?
SECOND PIQUEUR.
Il respire, Milord. Et s'il n'était échauffé par la bière, ce lit serait bien froid pour y dormir si fort.
LE LORD.
Oh, la monstrueuse bête! Voyez-le, vautré tout comme un pourceau ! Sombre mort, que ton image est vile et repoussante ! Messieurs, je veux jouer un tour à cet ivrogne... Que pensez-vous de ceci : s'il était transporté dans un lit, mollement couché dans des draps fins, des bagues aux doigts, un succulent repas posé à son chevet, et s'il se réveillait entouré de laquais en riche livrée, ne croyez-vous pas que ce mendiant aurait oublié qui il est ?
PREMIER PIQUEUR.
Il me semble, Milord, qu'il n'y pourrait manquer.
SECOND PIQUEUR.
Tout lui semblerait si étrange à son réveil !
LE LORD.
Comme en un songe flatteur ou quelque vaine rêverie... Allons, soulevez-le et préparez bien la farce : transportez-le doucement dans ma plus belle chambre, où vous suspendrez aux murs mes peintures les plus galantes. Oignez sa tête crasseuse de tièdes eaux de senteur, et brûlez des bois odoriférants pour parfumer le logis : installez-moi des

THE TAMING OF THE SHREW

i. 46

Procure me music ready when he wakes,
To make a dulcet and a heavenly sound;
And if he chance to speak, be ready straight
And with a low submissive reverence
50 Say 'What is it your honour will command?'
Let one attend him with a silver basin
Full of rose-water and bestrewed with flowers,
Another bear the ewer, the third a diaper,
And say 'Will't please your lordship cool your hands?'
Some one be ready with a costly suit,
And ask him what apparel he will wear;
Another tell him of his hounds and horse,
And that his lady mourns at his disease:
Persuade him that he hath been lunatic;
60 And when he says he is, say that he dreams,
For he is nothing but a mighty lord...
This do, and do it kindly, gentle sirs—
It will be pastime passing excellent,
If it be husbanded with modesty.
   I HUNTSMAN.
My lord, I warrant you we will play our part,
As he shall think by our true diligence
He is no less than what we say he is.
   LORD.
Take him up gently and to bed with him,
And each one to his office when he wakes...
            [*they bear Sly away. A trumpet sounds.*
70 Sirrah, go see what trumpet 'tis that sounds—
            [*a serving-man goes off.*
Belike some noble gentleman that means,
Travelling some journey, to repose him here...
                    The serving-man returns.
How now? who is it?
   SERVING-MAN.
An't please your honour, players
That offer service to your lordship.
   LORD.
Bid them come near...
                        The players approach.
        Now, fellows, you are welcome.
   PLAYERS.
We thank your honour.

musiciens prêts à faire entendre, lorsqu'il s'éveillera, de doux et célestes accords; et s'il se met à parler, hâtez-vous d'accourir et dites-lui, en faisant une humble et profonde révérence : « Quels sont les ordres de Votre Honneur? » Que l'un de vous lui présente un bassin d'argent plein d'eau de rose où flotteront des fleurs; qu'un autre lui passe l'aiguière, le troisième une serviette, en disant : « Plaît-il à Votre Seigneurie de se rafraîchir les mains? » Que quelqu'un, portant un somptueux costume, lui demande comment il désire s'habiller; qu'un autre lui parle de sa meute, de ses chevaux, et de son épouse qu'afflige si fort sa maladie. Persuadez-le qu'il vient d'être dément. Et quand il vous dira qui il est, répondez-lui qu'il rêve, qu'il n'est autre qu'un puissant lord... Faites tout cela, et faites-le, mes bons amis, comme il convient. Si elle est menée discrètement, cette farce sera des plus divertissantes.

PREMIER PIQUEUR.
Milord, je vous le promets, nous jouerons si bien notre rôle qu'à voir notre sincère empressement, il croira n'être rien de moins que ce que nous lui dirons.

LE LORD.
Soulevez-le doucement, mettez-le au lit et, lorsqu'il s'éveillera, que chacun soit à son poste.

Ils emportent Sly. Fanfare.

Va voir, maraud, ce que signifie cette trompette.

Sort un serviteur.

Un gentilhomme, sans doute, qui, las d'un long voyage, désire se reposer céans.

Le serviteur revient.

Eh bien? qu'est-ce?

LE SERVITEUR.
N'en déplaise à Votre Honneur, ce sont des comédiens qui offrent de jouer pour Votre Seigneurie.

LE LORD.
Fais-les venir ici.

Entrent les comédiens.

Soyez les bienvenus, braves gens!

LES ACTEURS.
Nous remercions Votre Honneur.

THE TAMING OF THE SHREW

i. 78

LORD.
Do you intend to stay with me to-night?
A PLAYER.
So please your lordship to accept our duty.
LORD.
80 With all my heart... This fellow I remember,
Since once he played a farmer's eldest son—
'Twas where you wooed the gentlewoman so well:
I have forgot your name; but, sure, that part
Was aptly fitted and naturally performed.
A PLAYER.
I think 'twas Soto that your honour means.
LORD.
'Tis very true—thou didst it excellent...
Well, you are come to me in happy time,
The rather for I have some sport in hand,
Wherein your cunning can assist me much...
90 There is a lord will hear you play to-night;
But I am doubtful of your modesties,
Lest over-eyeing of his odd behaviour—
For yet his honour never heard a play—
You break into some merry passion,
And so offend him: for I tell you, sirs,
It you should smile, he grows impatient.
A PLAYER.
Fear not, my lord, we can contain ourselves,
Were he the veriest antic in the world.
LORD.
Go, sirrah, take them to the buttery,
100 And give them friendly welcome every one—
Let them want nothing that my house affords...
[*a servant leads the players away.*
Sirrah, go you to Barthol'mew my page,
And see him dressed in all suits like a lady:
That done, conduct him to the drunkard's chamber,
And call him 'madam', do him obeisance:
Tell him from me, as he will win my love,
He bear himself with honourable action,
Such as he hath observed in noble ladies
Unto their lords, by them accomplishéd:
110 Such duty to the drunkard let him do,
With soft low tongue and lowly courtesy,
And say: 'What is't your honour will command,
Wherein your lady and your humble wife

LA MÉGÈRE APPRIVOISÉE

LE LORD.
Comptez-vous rester chez moi ce soir?
LES ACTEURS.
Oui, s'il plaît à Votre Honneur d'accepter nos services.
LE LORD.
De tout mon cœur... Ce garçon, je me le rappelle dans le rôle du fils aîné d'un fermier : cette comédie où tu faisais si bien la cour à la noble dame. J'ai oublié ton nom, mais, en vérité, ce rôle te convenait et tu le jouais avec un grand naturel.
UN ACTEUR.
Je crois que Votre Honneur veut parler de Soto [6].
LE LORD.
C'est bien cela. Tu t'y révélais excellent. Eh bien, il est heureux, le moment de votre arrivée... d'autant plus heureux que j'ai en tête certain divertissement où votre talent peut m'être d'un grand secours. Il y a ici un seigneur qui veut vous voir jouer ce soir; mais je crains que vous manquiez d'empire sur vous-mêmes et qu'en observant son étrange conduite (car ce seigneur n'a jamais vu de pièce de théâtre) vous ne vous laissiez aller à quelque accès de folle gaîté qui l'offenserait : or, je vous en avertis, messieurs, le moindre sourire l'irrite.
UN ACTEUR.
N'ayez crainte, milord, nous saurons nous contenir, quand il n'y aurait pas au monde un jocrisse plus bouffon.
LE LORD.
Va, drôle, conduis-les à l'office et qu'on leur fasse bon accueil à tous. Qu'ils reçoivent leur part de tout ce que possède ma maison...

Sort le valet, suivi des comédiens.

Et toi, va-t'en trouver Barthélemy, mon page [7]; fais-le vêtir et parer en tout point comme une dame de qualité : ceci fait, conduis-le dans l'appartement de l'ivrogne, appelle-le « Madame », montre-lui grand respect. Dis-lui de ma part que, s'il veut gagner mes bonnes grâces, il prenne les façons nobles qu'il a pu observer chez les grandes dames en présence de leurs maris. Que d'une voix humble et douce il rende ses devoirs à l'ivrogne, et qu'avec une profonde révérence, il lui dise : « Qu'ordonne Votre Honneur, afin que sa très obéissante dame et épouse puisse lui montrer son zèle

i. 114

May show her duty and make known her love?'
And then with kind embracements, tempting kisses,
And with declining head into his bosom,
Bid him shed tears, as being overjoyed
To see her noble lord restored to health,
Who for this seven years hath esteeméd him
120 No better than a poor and loathsome beggar:
And if the boy have not a woman's gift
To rain a shower of commanded tears,
An onion will do well for such a shift,
Which in a napkin being close conveyed,
Shall in despite enforce a watery eye...
See this dispatched with all the haste thou canst—
Anon I'll give thee more instructions...

[*a servant departs.*

I know the boy will well usurp the grace,
Voice, gait, and action of a gentlewoman:
130 I long to hear him call the drunkard husband,
And how my men will stay themselves from laughter
When they do homage to this simple peasant.
I'll in to counsel them: haply my presence
May well abate the over-merry spleen,
Which otherwise would grow into extremes.

[*he goes, the huntsmen following.*

[ii.] A richly furnished bedroom in the Lord's house

SLY, *clad in a night-dress, asleep in a chair with attendants at hand; 'some with apparel, others with basin and ewer and other appurtenances'. The Lord enters the room.*

SLY [*awakening*].
For God's sake, a pot of small ale.
1 SERVANT.
Will't please your lordship drink a cup of sack?
2 SERVANT.
Will't please your honour taste of these conserves?
3 SERVANT.
What raiment will your honour wear to-day?
SLY.
I am Christophero Sly, call not me 'honour' nor

et lui prouver son amour ? » Puis, qu'avec de tendres embrassements, des baisers enjôleurs, la tête penchée sur le sein de son époux, il verse des larmes, comme dans l'excès de sa joie à voir que son noble époux vient enfin de recouvrer la santé, lui qui avait cru pendant sept ans qu'il n'était qu'un pauvre gueux repoussant. Si l'enfant ne possède pas ce talent féminin de répandre à volonté une averse de pleurs, il suffira pour cette comédie d'un oignon caché dans un mouchoir : il n'a qu'à l'approcher de ses yeux, et bon gré, mal gré ses larmes couleront. Fais exécuter cela en toute hâte. Bientôt, je te donnerai de nouvelles instructions...

Sort le valet.

Je sais que ce petit va contrefaire parfaitement la grâce, la voix, le port et les gestes d'une grande dame. Il me tarde de l'entendre appeler cet ivrogne son époux, et de voir comment mes valets étoufferont leurs rires lorsqu'ils rendront hommage à ce rustre. Allons leur faire la leçon : peut-être ma présence retiendra-t-elle l'excès de leur humeur joyeuse qui, si je n'y mettais bon ordre, pourrait bien passer la mesure.

Ils sortent.

[II.] Une chambre à coucher dans le château du Lord

On voit S L Y *dans un fauteuil entouré de valets : 'les uns tenant de riches habits, d'autres portant un bassin, une aiguière, et divers objets.' Entre le Lord.*

SLY.
Pour l'amour de Dieu, un pot de petite bière !
PREMIER VALET.
Votre Honneur désire-t-il boire une coupe de vin des Canaries ?
DEUXIÈME VALET.
Votre Seigneurie désire-t-elle goûter de ces fruits confits ?
TROISIÈME VALET.
Quel costume Votre Honneur veut-il mettre aujourd'hui ?
SLY.
Je suis Christophe Sly. Ne me baillez point d'Honneur et

ii. 6

'lordship': I ne'er drank sack in my life: and if you give
me any conserves, give me conserves of beef: ne'er ask
me what raiment I'll wear, for I have no more doublets than
backs, no more stockings than legs, nor no more shoes
10 than feet, nay, sometime more feet than shoes, or such
shoes as my toes look through the overleather.
    LORD.
Heaven cease this idle humour in your honour!
O, that a mighty man, of such descent,
Of such possessions and so high esteem,
Should be infuséd with so foul a spirit!
    SLY.
What, would you make me mad? Am not I Christopher Sly, old Sly's son of Burton-heath, by birth a pedlar,
by education a card-maker, by transmutation a bear-herd,
and now by present profession a tinker? Ask Marian Hac-
20 ket, the fat ale-wife of Wincot, if she know me not: if she
say I am not xiiii. d. on the score for sheer ale, score me up
for the lyingest knave in Christendom...
            [*a servant brings him a pot of ale.*
What! I am not bestraught: here's—

                                    [*he drinks*

    3 SERVANT.
O, this it is that makes your lady mourn.
    2 SERVANT.
O, this it is that makes your servants droop.
    LORD.
Hence comes it that your kindred shuns your house,
As beaten hence by your strange lunacy.
O, noble lord, bethink thee of thy birth,
Call home thy ancient thoughts from banishment,
30 And banish hence these abject lowly dreams:
Look, how thy servants do attend on thee,
Each in his office ready at thy beck.
Wilt thou have music? Hark! Apollo plays,

                                    [*'music'.*

32

de Seigneurie. Je n'ai bu de ma vie ce vin des Canaries, et si vous me donnez du confit, que ce soit de bon confit de bœuf. Ne me demandez pas quels habits je veux mettre, car je n'ai pas plus de pourpoints que je n'ai de dos, j'ai autant de chausses que de jambes et autant de souliers que de pieds, pas un de plus, et parfois même plus de pieds que de souliers, ou des souliers dans un tel état que mes orteils lorgnent par les trous de l'empeigne.

LE LORD.
Le Ciel délivre Votre Honneur de cette humeur extravagante! Las! qu'un homme puissant, de si haute lignée, possédant tant de biens et si noble renommée, soit lui-même possédé d'un si abject incube!

SLY.
Hé là, voulez-vous me rendre fou ? Comme si je n'étais pas Christophe Sly, fils du vieux Sly de Burton-la-Lande [8], colporteur de naissance, cardeur par éducation, montreur d'ours par transmutation et présentement rétameur de mon état... Demandez à Marianne Hacket, la grosse cabaretière de Wincot, si elle ne me connaît pas; si elle ne vous dit pas que je suis inscrit sur ses comptes pour quatorze deniers de petite bière, comptez-moi, vous, pour le vaurien le plus menteur de la chrétienté...

Un valet lui apporte un pot de bière.
Bon, je n'ai pas la berlue. A la... [9]

Il boit.

TROISIÈME VALET.
Oh, c'est bien cela qui navre votre dame!

DEUXIÈME VALET.
Oh, c'est bien cela qui fait languir vos serviteurs!

LE LORD.
Et c'est pour cela que les vôtres fuient votre maison, chassés par votre étrange égarement. O noble Seigneur, songe à ta naissance, rappelle de l'exil tes pensées d'autrefois, et bannis loin de toi ces ignobles et dégradantes divagations. Vois comme, chacun à son poste, tes serviteurs s'empressent autour de toi, prêts à obéir au moindre signe. Veux-tu de la musique ? Ecoute.

'Musique'.

ii. 34

And twenty cagéd nightingales do sing.
Or wilt thou sleep? we'll have thee to a couch,
Softer and sweeter than the lustful bed
On purpose trimmed up for Semiramis.
Say thou wilt walk; we will bestrow the ground:
Or wilt thou ride? thy horses shall be trapped,
40 Their harness studded all with gold and pearl.
Dost thou love hawking? thou hast hawks will soar
Above the morning lark. Or wilt thou hunt?
Thy hounds shall make the welkin answer them,
And fetch shrill echoes from the hollow earth.
   1 SERVANT.
Say thou wilt course—thy greyhounds are as swift
As breathéd stags: ay, fleeter than the roe.
   2 SERVANT.
Dost thou love pictures? we will fetch thee straight
Adonis painted by a running brook,
And Cytherea all in sedges hid,
50 Which seem to move and wanton with her breath,
Even as the waving sedges play with wind.
   LORD.
We'll show thee Io as she was a maid,
And how she was beguiléd and surprised,
As lively painted as the deed was done.
   3 SERVANT.
Or Daphne roaming through a thorny wood,
Scratching her legs that one shall swear she bleeds,
And at that sight shall sad Apollo weep,
So workmanly the blood and tears are drawn.
   LORD.
Thou art a lord, and nothing but a lord:
60 Thou hast a lady far more beautiful
Than any woman in this waning age.
   1 SERVANT.
And till the tears that she hath shed for thee
Like envious floods o'ver-run her lovely face,
She was the fairest creature in the world—
And yet she is inferior to none.
   SLY.
Am I a lord? and have I such a lady?
Or do I dream? or have I dreamed till now?
I do not sleep: I see, I hear, I speak;
I smell sweet savours and I feel soft things:
70 Upon my life, I am a lord indeed,

LA MÉGÈRE APPRIVOISÉE

C'est Apollon qui joue et, dans leur cage, chantent vingt rossignols. Préfères-tu dormir ? Nous t'étendrons sur un lit plus mol et parfumé que la couche voluptueuse préparée tout exprès pour Sémiramis. Dis que tu veux te promener : nous joncherons ton chemin. Monter à cheval ? Tes palefrois t'attendent, parés de leurs harnais tout cloutés d'or et de perles. Aimes-tu chasser au vol ? Tu as des faucons qui montent plus haut que l'alouette du matin. A cors et à cris ? Tes meutes tireront de la voûte céleste et de la terre caverneuse des échos stridents.

PREMIER VALET.
Veux-tu chasser à courre ? Tes limiers sont aussi rapides que le cerf débuché, oui, plus lestes que la biche elle-même.

DEUXIÈME VALET.
Aimes-tu les tableaux ? Nous t'irons chercher sur l'heure un Adonis peint près d'un ruisseau dont l'eau court, tandis que Vénus se cache parmi des roseaux que son souffle semble agiter mollement comme on voit les roseaux onduler dans la brise.

LE LORD.
Nous te montrerons la vierge Io, lorsqu'elle fut surprise et séduite : on croirait voir l'acte s'accomplir, car le peintre y mit autant d'ardeur que l'amant.

TROISIÈME VALET.
Ou bien Daphné errant dans les fourrés épineux qui égratignent ses jambes : on jurerait qu'elle saigne et qu'à cette vue le triste Apollon pleure, tant les larmes et le sang sont imités avec adresse.

LE LORD.
Tu es un lord et rien d'autre qu'un lord : et ta dame est beaucoup plus belle que toutes les autres femmes de ce siècle dégénéré.

PREMIER VALET.
Avant que les larmes qu'elle a versées sur toi eussent de leur flot cruel inondé son charmant visage, elle était la plus ravissante du monde... Et même encore, elle ne le cède à nulle autre.

SLY.
Suis-je un lord ? Ai-je vraiment une telle dame ? Est-ce que je rêve ? Ou ai-je rêvé jusqu'à présent ? Je ne dors pas : je vois, j'entends, je parle ; je hume de suaves parfums, je palpe des choses moelleuses. Sur ma vie, je ne suis pas rétameur, je

35

ii. 71

And not a tinker nor Christophero Sly....
Well, bring our lady hither to our sight—
And once again a pot o'th' smallest ale.
    2 SERVANT. [*presents the basin*].
Will't please your mightiness to wash your hands?
                                    [*Sly washes.*
O, how we joy to see your wit restored!
O, that once more you knew but what you are!
These fifteen years you have been in a dream,
Or when you waked, so waked as if you slept.
    SLY.
These fifteen years! by my fay, a goodly nap.
80 But did I never speak of all that time?
    1 SERVANT.
O, yes, my lord, but very idle words,
For though you lay here in this goodly chamber,
Yet would you say ye were beaten out of door,
And rail upon the hostess of the house,
And say you would present her at the leet,
Because she brought stone jugs and no sealed quarts:
Sometimes, you would call out for Cicely Hacket.
    SLY.
Ay, the woman's maid of the house.
    3 SERVANT.
Why, sir, you know no house, nor no such maid.
90 Nor no such men as you have reckoned up,
As Stephen Sly, and old John Naps of Greece,
And Peter Turph, and Henry Pimpernell;
And twenty more such names and men as these,
Which never were nor no man ever saw.
    SLY.
Now, Lord be thankéd for my good amends!
    ALL.
Amen.
    SLY.
I thank thee, thou shalt not lose by it.

The page enters as a 'lady with attendants'; one proffers
                                    Sly a pot of ale.

    PAGE.
How fares my noble lord?

ne suis pas Christophe Sly, je suis en vérité un grand seigneur. Fort bien : qu'on amène céans notre dame, que je la voie!... et, une fois de plus, un pot de très petite bière!

DEUXIÈME VALET, *présente le bassin.*
Plaît-il à Votre Grandeur de se laver les mains? Oh, quelle joie pour nous de voir votre raison revenue! Quelle joie que vous sachiez de nouveau qui vous êtes! Depuis quinze ans, vous viviez dans un songe et, même éveillé, vous étiez comme endormi.

SLY.
Depuis quinze ans! Parbleu, c'est un bon somme! Et je n'ai pas parlé pendant tout ce temps-là?

PREMIER VALET.
Si fait, milord, mais ce n'étaient que paroles vides de sens, car bien que vous fussiez étendu ici même, dans cette belle chambre, vous prétendiez qu'on vous avait bouté dehors, vous invectiviez contre l'hôtesse et menaciez de la traîner devant les juges parce qu'elle vous avait servi des pichets de grès au lieu de bouteilles cachetées. Parfois, aussi, vous appeliez Cécile Hacket.

SLY.
Ah oui, la servante de la patronne.

TROISIÈME VALET.
Mais, Seigneur, vous ne connaissez ni ce cabaret, ni cette servante, ni aucun de ces hommes que vous énumériez : Stephen Sly[10] et le vieux John Naps de Greet, et Pierre Turph et Henry Pimprenelle, et vingt autres noms de ce genre qui n'ont jamais existé, et qui désignent des hommes que personne n'a jamais vus.

SLY.
Alors, Dieu soit loué de ma guérison!

TOUS.
Amen.

SLY.
Je te remercie. Va, tu n'y perdras pas.

Entre le Page, habillé en 'dame de qualité, avec sa suite.

LE PAGE.
Comment se porte mon cher seigneur?

THE TAMING OF THE SHREW

ii. 99

SLY.
Marry, I fare well—for here is cheer enough...
100 Where is my wife?

[*he drinks.*

PAGE.
Here, noble lord, what is thy will with her?
SLY.
Are you my wife and will not call me husband?
My men should call me 'lord', I am your goodman.
PAGE.
My husband and my lord, my lord and husband,
I am your wife in all obedience.
SLY.
I know it well. What must I call her?
LORD.
Madam.
SLY.
Al'ce madam, or Joan madam?
LORD.
'Madam' and nothing else, so lords call ladies.
SLY.
110 Madam wife, they say that I have dreamed
And slept above some fifteen year or more.
PAGE.
Ay, and the time seems thirty unto me,
Being all this time abandoned from your bed.
SLY.
'Tis much... Servants, leave me and her alone...

[*the servants withdraw.*

Madam, undress you and come now to bed.
PAGE.
Thrice-noble lord, let me entreat of you
To pardon me yet for a night or two;
Or, if not so, until the sun be set:
For your physicians have expressly charged,
120 In peril to incur your former malady,
That I should yet absent me from your bed:
I hope this reason stands for my excuse.
SLY.
Ay, it stands so that I may hardly tarry so long... But

LA MÉGÈRE APPRIVOISÉE

SLY.
Fort bien, corbleu! la chère est bonne ici... Où est ma femme?
LE PAGE.
Ici, noble seigneur. Que lui ordonnez-vous?
SLY.
Vous êtes ma femme et vous ne m'appelez pas : mari! Bon pour mes valets de me dire « Seigneur » ou « Milord ». Pour vous je suis « mon bonhomme ».
LE PAGE.
Mon seigneur et mon maître, mon maître et mon époux, je suis votre femme en toute obéissance.
SLY.
Je le sais. Comment dois-je l'appeler?
LE LORD.
Madame.
SLY.
Madame Alice ou Madame Jeanne?
LE LORD.
« Madame », et rien d'autre, c'est ainsi qu'un seigneur s'adresse aux dames.
SLY.
Madame-femme, ils me disent que j'ai rêvé, et dormi quelque quinze ans et plus.
LE PAGE
Oui, quinze ans qui m'en ont semblé trente, à moi qui, tout ce temps-là, fus bannie de votre couche.
SLY.
C'est long... Serviteurs, laissez-moi seul avec elle.
Les valets se retirent.
Déshabillez-vous, Madame, et couchons-nous vite.
LE PAGE.
Trois fois noble seigneur, je vous conjure de m'excuser pour une ou deux nuits encore, ou du moins jusqu'au coucher du soleil, car vos médecins m'ont expressément ordonné de me tenir encore éloignée de votre lit, par crainte d'un retour de votre ancienne maladie. J'espère que cette raison se peut ériger en excuse à vos yeux.
SLY.
Oui, elle s'érige si bien que j'aurai du mal à attendre... Mais

THE TAMING OF THE SHREW

ii. 124

I would be loath to fall into my dreams again: I will therefore tarry in despite of the flesh and the blood.

         1 *Servant re-enters.*

1 SERVANT.
Your honour's players, hearing your amendment,
Are come to play a pleasant comedy,
For so your doctors hold it very meet,
Seeing too much sadness hath congealed your blood,
130 And melancholy is the nurse of frenzy,
Therefore they thought it good you hear a play
And frame your mind to mirth and merriment,
Which bars a thousand harms and lengthens life.
SLY.
Marry, I will, let them play it. Is not a † commodity a Christmas gambold or a tumbling-trick?
PAGE.
No, my good lord, it is more pleasing stuff.
SLY.
What, household stuff?
PAGE.
It is a kind of history.
SLY.
Well, we'll see't...Come, madam wife, sit by my side
140 and let the world slip, we shall ne'er be younger.

       [*the page sits beside him.
       A 'flourish' of trumpets.*

je ne voudrais pas retomber dans mon délire. J'attendrai donc, malgré les impatiences de mon sang.

Un valet rentre.

LE VALET.
Vos comédiens, Votre Honneur, ayant appris votre guérison, viennent, sur le conseil de vos médecins, jouer devant vous une plaisante comédie. Sachant qu'un excès de tristesse vous a congelé le sang, et que mélancolie est mère de folie, ces médecins trouvent bon que vous entendiez une pièce, afin de disposer votre esprit à la gaieté et à la joie qui préviennent mille maux et prolongent la vie.
SLY.
Corbleu, je le veux bien, qu'ils jouent. Une commodité [11], n'est-ce pas une farce de Noël, ou des tours de jongleurs?
LE PAGE.
Non, mon bon Seigneur, c'est chose d'étoffe plus délicate.
SLY.
Quoi! Des rideaux et des tentures?
LE PAGE.
C'est une manière d'histoire.
SLY.
Bon, bon. Nous verrons ça. Venez, Madame-femme. Asseyez-vous près de moi, et vogue la galère! Jamais nous ne serons plus jeunes qu'aujourd'hui.

'Fanfare'.

THE TAMING OF THE SHREW

[1, 1.] Padua. *The houses of Baptista, Hortensio and others opening upon a public square ; trees and a seat*

'LUCENTIO *and his man* TRANIO' *enter the square.*

LUCENTIO.
Tranio, since for the great desire I had
To see fair Padua, nursery of arts,
I am arrived for fruitful Lombardy,
The pleasant garden of great Italy,
And by my father's love and leave am armed
With his good will and thy good company,
My trusty servant, well approved in all,
Here let us breathe and haply institute
A course of learning and ingenious studies...
10 Pisa renownéd for grave citizens
Gave me my being and my father first,
A merchant of great traffic through the world,
Vincentio, come of the Bentivolii:
Vincentio's son, brought up in Florence,
It shall become to serve all hopes conceived,
To deck his fortune with his virtuous deeds:
And therefore, Tranio, for the time I study
Virtue, and that part of philosophy
Will I apply that treats of happiness
20 By virtue specially to be achieved...
Tell me thy mind, for I have Pisa left
And am to Padua come, as he that leaves
A shallow plash to plunge him in the deep,
And with satiety seeks to quench his thirst.
TRANIO.
Mi perdonato, gentle master mine :
I am in all affected as yourself,
Glad that you thus continue your resolve,
To suck the sweets of sweet philosophy.
Only, good master, while we do admire
30 This virtue and this moral discipline,
Let's be no stoics nor no stocks I pray,
Or so devote to Aristotle's checks,
As Ovid be an outcast quite abjured:
Balk logic with acquaintance that you have,
And practise rhetoric in your common talk,

LA MÉGÈRE APPRIVOISÉE

[I, 1.] Padoue. Une place publique : les maisons de Baptista, d'Hortensio, etc.

Entre 'LUCENTIO *avec son valet* TRANIO'.

LUCENTIO.
Puisque mon grand désir de visiter la belle Padoue, pépinière des arts, m'a conduit jusqu'en cette plantureuse Lombardie, riant jardin de la noble Italie; puisque l'amour et l'indulgence d'un père m'ont armé de son consentement et de ta fidèle compagnie, Tranio, loyal serviteur, dont le dévouement est à toute épreuve, arrêtons-nous ici pour y fonder dans l'allégresse un cours d'érudition et de philosophie... Pise, cité célèbre par la gravité de ses doctes citoyens, me vit naître, et avant moi mon père Vincentio, issu des Bentivolii, et grand marchand dont le négoce couvre le monde. Il sied au fils de Vincentio, qui fut éduqué à Florence, de répondre aux espoirs qu'on a fondés sur lui et d'ajouter à ses richesses la parure de ses vertueuses actions. Aussi, Tranio, l'objet de mon étude est-il à présent la vertu; et je veux mettre en pratique le chapitre de la philosophie qui traite du bonheur que la vertu spécialement procure... Dis-moi ta pensée, car j'ai quitté Pise pour venir à Padoue comme un homme quitte une mince flaque pour plonger dans l'océan profond et y étancher sa soif jusqu'à la satiété.

TRANIO.
Mi perdonato, mon gentil maître, je partage en tout ceci vos sentiments, et me réjouis fort que vous soyez toujours aussi résolu à butiner les sucs de la suave philosophie. Mais, je vous en prie, mon bon seigneur, à force d'admirer cette vertu et cette discipline morale, ne devenons ni des stoïques, ni des soliveaux, et ne nous entichons pas des préceptes d'Aristote au point de rejeter et d'abjurer Ovide. Discutez de logique avec vos accointances et pratiquez la rhétorique dans vos

I, I. 36

Music and poesy use to quicken you,
The mathematics and the metaphysics
Fall to them as you find your stomach serves you:
No profit grows where is no pleasure ta'en...
40 In brief, sir, study what you most affect.
    LUCENTIO.
Gramercies, Tranio, well dost thou advise.
If, Biondello, thou wert come ashore,
We could at once put us in readiness,
And take a lodging fit to entertain
Such friends as time in Padua shall beget...
But stay awhile, what company is this?
    TRANIO.
Master, some show to welcome us to town.

A door opens, and 'Baptista, with his two daughters Katharina and Bianca', followed by 'Gremio, a pantaloon,' and 'Hortensio, suitor to Bianca', come out. 'Lucentio and Tranio stand by' among the trees.

    BAPTISTA.
Gentlemen, importune me no farther,
For how I firmly am resolved you know;
50 That is, not to bestow my youngest daughter,
Before I have a husband for the elder:
If either of you both love Katharina,
Because I know you well, and love you well,
Leave shall you have to court her at your pleasure.
    GREMIO.
To cart her rather: she's too rough for me...
There, there, Hortensio, will you any wife?
    KATHARINA.
I pray you, sir, is it your will
To make a stale of me amongst these mates?
    HORTENSIO.
Mates, maid! how mean you that? no mates for you.
60 Unless you were of gentler, milder mould.
    KATHARINA.
I'faith, sir you shall never need to fear.
Iwis it is not half way to her heart:

conversations journalières. Que la musique et la poésie raniment vos esprits, mais n'absorbez pas plus de mathématique ni de métaphysique que votre estomac n'en pourra digérer. Où l'on ne prend plaisir il n'est point de profit. En résumé, maître, étudiez ce qui vous plaît le plus.

LUCENTIO.
Grand merci, Tranio, tes avis sont fort sages. Ah, Biondello, que n'as-tu déjà débarqué sur ces rives! Nous pourrions prendre sur-le-champ toutes nos dispositions et choisir un logement pour y recevoir dignement les amis qu'avec le temps Padoue engendrera. Mais attends... qui sont ces personnages?

TRANIO.
Quelque cortège, mon maître : on vient nous souhaiter la bienvenue dans la ville.

Entrent 'Baptista accompagné de ses deux filles Catarina et Bianca', suivis de 'Gremio, vieux gentilhomme ridicule', et d''Hortensio, amoureux de Bianca'. 'Lucentio et Tranio à l'écart'.

BAPTISTA.
Ne m'importunez plus, messeigneurs. Vous le savez, ma résolution est ferme : je n'accorderai pas ma fille cadette avant d'avoir trouvé un mari pour l'aînée. Si l'un de vous deux aime Catarina, comme je vous connais bien et vous tiens en amitié, il a ma permission de lui conter fleurette [12].

GREMIO.
Fleurette! C'est la charrette, la charrette aux putes qu'il lui faut : cette fille est pour moi trop rude. Allons, Hortensio, allons, voulez-vous prendre femme?

CATARINA.
Je vous en prie, mon père, avez-vous résolu de me laisser railler et traiter de catin par ces épouseurs [13]?

HORTENSIO.
Épouseurs, ma belle! Comment l'entendez-vous? Pas d'épouseur pour vous tant que votre humeur ne sera point devenue plus douce et plus aimable.

CATARINA.
Ma foi, Monsieur, vous n'aurez jamais rien à craindre. En vérité, cette idée n'est pas même à mi-chemin du cœur de la

1, 1. 63

But if it were, doubt not her care should be
To comb your noddle with a three-legged stool,
And paint your face, and use you like a fool.
HORTENSIO.
From all such devils, good Lord deliver us!
GREMIO.
And me too, good Lord!
(TRANIO.
Husht, master! here's some good pastime toward;
That wench is stark mad or wonderful froward.
(LUCENTIO.
70 But in the other's silence do I see
Maid's mild behaviour and sobriety...
Peace, Tranio.
(TRANIO.
Well said, master—mum! and gaze your fill.
BAPTISTA.
Gentlemen, that I may soon make good
What I have said, Bianca, get you in.
And let it not displease thee, good Bianca,
For I will love thee ne'er the less, my girl.

[*he fondles her.*

KATHARINA.
A pretty peat! it is best
Put finger in the eye, an she knew why.
BIANCA.
80 Sister, content you in my discontent...
Sir, to your pleasure humbly I subscribe:
My books and instruments shall be my company,
On them to look and practise by myself.
(LUCENTIO.
Hark, Tranio! thou mayst hear Minerva speak.
HORTENSIO.
Signior Baptista, will you be so strange?
Sorry am I that our good will effects
Bianca's grief.
GREMIO.
                Why will you mew her up,
Signior Baptista, for this fiend of hell,
And make her bear the penance of her tongue?

46

belle : mais, si cela était, soyez sûr que son premier soin serait de vous peigner la caboche avec les trois pieds d'un escabeau, de vous peinturlurer le visage, et de vous traiter comme un nigaud.

HORTENSIO.
De pareilles diablesses, mon Dieu, délivrez-nous!

GREMIO.
Et moi aussi, mon Dieu!

(TRANIO.
Chut, mon maître, voici qui promet du bon temps. Cette fille est folle à lier ou prodigieusement hargneuse.

(LUCENTIO.
Mais dans le silence de l'autre apparaissent à mes yeux la douceur et la réserve d'une vierge... Silence, Tranio.

(TRANIO.
Bien dit, maître. Tenons-nous cois... et que vos yeux contemplent tout leur saoul.

BAPTISTA.
Messieurs, pour prouver sur-le-champ ce que je viens de dire, Bianca, rentre dans la maison. N'en prends pas ombrage, bonne Bianca, car je ne t'en aime pas moins, mon enfant.

CATARINA.
Précieuse petite chérie! Fourrez-lui le doigt dans l'œil, elle saura pourquoi elle pleure!

BIANCA.
Que mon déplaisir, ma sœur, suffise à votre plaisir... Mon père, je me soumets humblement à votre volonté. Mes livres et mes instruments me tiendront compagnie. L'étude et la musique sauront adoucir ma solitude.

(LUCENTIO.
Entends, Tranio, entends parler Minerve.

HORTENSIO.
Signor Baptista, quelle humeur étrange est la vôtre! Je suis fâché que nos tendres sentiments pour Bianca lui vaillent ce chagrin.

GREMIO.
Voulez-vous donc la mettre en cage, et la punir de ce que sa sœur, cet infernal démon, possède une langue de vipère?

I, I. 90

BAPTISTA.
90 Gentlemen, content ye; I am resolved:
Go in, Bianca...

[*Bianca goes in.*

And for I know she taketh most delight
In music, instruments and poetry,
Schoolmasters will I keep within my house,
Fit to instruct her youth. If you, Hortensio,
Or Signior Gremio, you, know any such,
Prefer them hither; for to cunning men
I will be very kind, and liberal
To mine own children in good bringing-up.
100 And so farewell... Katharina you may stay,
For I have more to commune with Bianca.

[*he goes in.*

KATHARINA.
Why, and I trust I may go too, may I not?
What, shall I be appointed hours, as though, belike,
I knew not what to take, and what to leave? Ha!

[*she turns upon her heel.*

GREMIO.
You may go to the devil's dam: your gifts are so good, here's none will hold you... [*she enters the house and claps to the door behind her*] There! love is not so great, Hortensio, but we may blow our nails together, and fast it fairly out: our cake's dough on both sides... Farewell: yet, for the
110 love I bear my sweet Bianca, if I can by any means light on a fit man to teach her that wherein she delights, I will wish him to her father.
HORTENSIO.
So will I, Signior Gremio : but a word, I pray... Though the nature of our quarrel yet never brooked parle, know now, upon advice, it toucheth us both—that we may yet again have access to our fair mistress and be happy rivals in Bianca's love—to labour and effect one thing specially.
GREMIO.
What's that, I pray?

48

LA MÉGÈRE APPRIVOISÉE

BAPTISTA.
Ma résolution est prise, messieurs, résignez-vous. Rentre, Bianca...
Bianca entre dans la maison.
Mais, sachant qu'elle trouve ses plus grandes joies dans la poésie, la musique et ses instruments, je veux prendre chez moi des maîtres aptes à instruire sa jeunesse. Si vous en connaissez, Hortensio, ou vous, Signor Gremio, envoyez-les-moi ; car je traite avec bonté les hommes de talent, et dépense largement pour l'éducation de mes filles. Adieu donc. Catarina, demeure, car il faut que je parle encore à Bianca.
Il sort.

CATARINA.
Eh mais, il me semble que j'ai le droit de partir, moi aussi! Quoi, va-t-on m'imposer des heures, comme si je ne savais pas, peut-être, ce qu'il faut prendre et ce qu'il faut laisser? Ha!
Elle sort.

GREMIO.
Va-t'en donc au diable, diablesse! Tu es si bien faite pour lui que personne ici ne te retiendra! Là!... L'amour n'est pas si impérieux, Hortensio, que nous ne puissions attendre en nous tournant les pouces ensemble, et jeûner tant qu'il faudra : notre gâteau n'est cuit ni d'un côté ni de l'autre [14]. Adieu donc : toutefois, pour la tendresse que m'inspire ma chère Bianca, si je puis, d'aventure, trouver un homme capable de lui enseigner les arts qui l'enchantent, je le recommanderai à son père.

HORTENSIO.
Et moi de même, Signor Gremio : mais, un mot, je vous prie. Bien que la cause qui nous divise nous ait interdit jusqu'ici d'en discuter, je veux vous dire ceci qui, toutes réflexions faites, nous touche autant l'un que l'autre : afin de pouvoir approcher de nouveau notre belle maîtresse et rechercher en heureux rivaux l'amour de Bianca, il est une chose tout spécialement à quoi nous devons travailler et parvenir.

GREMIO.
Et quelle est-elle, je vous prie?

I, I. 119

HORTENSIO.
Marry, sir, to get a husband for her sister.
GREMIO.
120 A husband! a devil.
HORTENSIO.
I say, a husband.
GREMIO.
I say, a devil... Think'st thou, Hortensio, though her father be very rich, any man is so very a fool to be married to hell?
HORTENSIO.
Tush, Gremio: though it pass your patience and mine to endure her loud alarums, why man, there be good fellows in the world, an a man could light on them, would take her with all faults, and money enough.
GREMIO.
I cannot tell: but I had as lief take her dowry with this
130 condition—to be whipped at the high cross every morning.
HORTENSIO.
Faith, as you say, there's small choice in rotten apples... But come, since this bar in law makes us friends, it shall be so far forth friéndly maintained till by helping Baptista's eldest daughter to a husband we set his youngest free for a husband, and then have to't afresh.... Sweet Bianca! Happy man be his dole! He that runs fastest gets the ring... How say you, Signior Gremio?
GREMIO.
I am agreed, and would I had given him the best horse in Padua to begin his wooing that would thoroughly woo her,
140 wed her and bed her and rid the house of her! Come on.

[*they go off together.*

TRANIO.
I pray, sir, tell me, is it possible
That love should of a sudden take such hold?

50

LA MÉGÈRE APPRIVOISÉE

HORTENSIO.
Parbleu, monsieur, trouver un mari pour sa sœur.
GREMIO.
Un mari! un démon
HORTENSIO.
Je dis : un mari.
GREMIO.
Et moi, je dis : un démon. Malgré toute la fortune de son père, crois-tu, Hortensio, qu'il existe au monde un homme assez fou pour épouser l'enfer?
HORTENSIO.
Tout doux, Gremio, bien qu'il soit au-delà de votre patience et de la mienne d'endurer ses bruyantes criailleries, croyez-moi, mon ami, il y a de par le monde de braves garçons (le tout est de les trouver) qui la prendraient, si la dot était ronde, avec tous ses défauts.
GREMIO.
Je me le demande; pour moi, autant vaudrait empocher sa dot à la condition d'être fouetté chaque matin sous la croix de la grand-place.
HORTENSIO.
Oui-da, selon le dicton : à pommes pourries, choix malaisé... Allons, puisque cette clause contraire nous rend amis, respectons-la dans l'amitié, jusqu'au jour où, ayant procuré un mari à la fille aînée de Baptista, nous rendrons la cadette libre de choisir un mari. Ensuite, nous reprendrons la lutte!... Adorable Bianca! Heureux l'homme qui gagnera ce lot!... L'anneau est à celui qui courra le plus vite [15]... Qu'en dites-vous, Signor Gremio?
GREMIO.
Nous sommes d'accord, et je lui donnerais volontiers le meilleur cheval de Padoue afin qu'il vienne vite courtiser rondement cette harpie, l'épouser, la mettre dans son lit et en débarrasser la maison! Venez.

Ils sortent ensemble.

TRANIO.
Dites-moi, de grâce, Monsieur, est-il possible que l'amour si brusquement prenne un tel empire?

THE TAMING OF THE SHREW

I, I. 143

LUCENTIO.
O Tranio, till I found it to be true,
I never thought it possible or likely;
But see, while idly I stood looking on,
I found the effect of love in idleness,
And now in plainness do confess to thee—
That art to me as secret and as dear
As Anna to the Queen of Carthage was—
150 Tranio, I burn, I pine, I perish, Tranio,
If I achieve not this young modest girl...
Counsel me, Tranio, for I know thou canst:
Assist me, Tranio, for I know thou wilt.
TRANIO.
Master, it is no time to chide you now;
Affection is not rated from the heart:
If love have touched you, nought remains but so—
'Redime te captum quam queas minimo.'
LUCENTIO.
Gramercies, lad... Go' forward, this contents.
The rest will comfort, for thy counsel's sound.
TRANIO.
160 Master, you looked so longly on the maid,
Perhaps you marked not what's the pith of all.
LUCENTIO.
O yes, I saw sweet beauty in her face,
Such as the daughter of Agenor had,
That made great Jove to humble him to her hand,
When with his knees he kissed the Cretan strand.
TRANIO.
Saw you no more? marked you not how her sister
Began to scold and raise up such a storm
That mortal ears might hardly endure the din?
LUCENTIO.
Tranio, I saw her coral lips to move,
170 And with her breath she did perfume the air.
Sacred and sweet was all I saw in her.
TRANIO.
Nay, then 'tis time to stir him from his trance...
I pray, awake, sir: if you love the maid,
Bend thoughts and wits to achieve her. Thus it stands:
Her elder sister is so curst and shrewd
That till the father rid his hands of her,
Master, your love must live a maid at home,

LA MÉGÈRE APPRIVOISÉE

LUCENTIO.
O Tranio, avant de ressentir que cela était vrai, je n'aurais jamais cru que ce fût possible ou probable; mais, vois, tandis qu'insouciant je regardais cette scène, j'ai, dans mon insouciance, éprouvé les effets de l'amour. Et maintenant, je te l'avoue sans fard, à toi qui m'es un confident aussi sûr, aussi cher que le fut Anne pour la reine de Carthage [16], Tranio, je brûle, je languis, je meurs, Tranio, si je ne conquiers pas cette modeste jeune fille... Conseille-moi, Tranio, je sais que tu le peux. Secours-moi, Tranio, je sais que tu le veux.

TRANIO.
Maître, il n'est plus temps de vous faire la leçon : jamais amour ne fut banni d'un cœur par des reproches. Si l'amour vous blesse, vous n'avez qu'une ressource : '*Redime te captum quam queas minimo* [17]'.

LUCENTIO.
Grand merci, mon garçon. Poursuis : déjà, tu m'as apaisé. Réconforte-moi maintenant par tes sages conseils.

TRANIO.
Voyons... Vous regardiez cette jeune fille avec tant d'insistance que vous n'avez peut-être pas observé le plus important.

LUCENTIO.
Oh si, j'ai vu sur son visage la même exquise beauté qui força le grand Jupiter à s'humilier devant la fille d'Agénor [18], et lui fit, des genoux, baiser le rivage de Crète.

TRANIO.
Est-ce tout ? N'avez-vous pas remarqué que sa sœur s'est mise à gronder et qu'elle a soulevé une tempête telle que les oreilles humaines en pouvaient à peine souffrir le fracas?

LUCENTIO.
Tranio, j'ai vu bouger ses lèvres de corail. L'air était parfumé de son haleine. Tout ce que j'ai vu d'elle était ineffable et divin.

TRANIO.
Oh, oh, il est grand temps de le tirer de son extase. De grâce, Monsieur, réveillez-vous. Si vous aimez cette jeune fille, appliquez vos pensées et votre cœur à la tâche de la conquérir. Voici la situation : sa sœur aînée est une diabolique mégère et, tant que son père ne sera pas débarrassé d'elle, l'objet de votre amour, mon maître, vivra vierge au logis.

I, I. 178

And therefore has he closely mewed her up,
Because he will not be annoyed with suitors.
LUCENTIO.
180 Ah, Tranio, what a cruel father's he!
But art thou not advised, he took some care
To get her cunning schoolmasters to instruct her?
TRANIO.
Ay, marry, am I, sir—and now 'tis plotted.
LUCENTIO.
I have it, Tranio.
TRANIO.
                    Master, for my hand,
Both our inventions meet and jump in one!
LUCENTIO.
Tell me thine first.
TRANIO.
                    You will be schoolmaster,
And undertake the teaching of the maid:
That's your device!
LUCENTIO.
                    It is: may it be done?
TRANIO.
Not possible; for who shall bear your part,
190 And be in Padua here Vincentio's son,
Keep house and ply his book, welcome his friends,
Visit his countrymen and banquet them?
LUCENTIO.
Basta, content thee; for I have it full.
We have not yet been seen in any house,
Nor can we be distinguished by our face
For man or master: then it follows thus;
Thou shalt be master, Tranio, in my stead,
Keep house and port and servants, as I should:
I will some other be—some Florentine,
200 Some Neapolitan, or mean man of Pisa.
'Tis hatched, and shall be so: Tranio, at once
Uncase thee; take my coloured hat and cloak:
When Biondello comes, he waits on thee,
But I will charm him first to keep his tongue.
TRANIO.
So had you need...

                                    [*they change habits.*

Aussi ce père la claquemure-t-il, car il ne veut pas se voir importuner par les galants.

LUCENTIO.
Ah, que ce père est cruel, Tranio! Mais, n'as-tu point remarqué qu'il s'inquiétait de trouver pour l'instruire des maîtres experts?

TRANIO.
Eh pardi, oui, Monsieur! Aussi mon plan est-il tout prêt.

LUCENTIO.
Le mien aussi!

TRANIO.
Je jurerais, mon maître, que nos deux inventions se rencontrent et n'en font qu'une !

LUCENTIO.
Dis-moi d'abord la tienne.

TRANIO.
Vous deviendrez maître d'école et vous vous chargerez d'instruire la jeune fille. Voilà votre projet.

LUCENTIO.
Oui. Est-il réalisable ?

TRANIO.
Mais non : qui, pendant ce temps, jouera votre rôle ? Qui sera à Padoue le fils de Vincentio, tiendra sa maison, lira ses livres, recevra ses amis, visitera ses concitoyens et leur fera bonne chère ?

LUCENTIO.
Basta! Rassure-toi. J'ai pensé à tout. On ne nous a encore vus dans aucune maison, et rien dans nos visages ne distingue le valet du maître. Donc, et pour toutes ces raisons, tu seras le maître, Tranio, à ma place. De toi dépendront la maison, le train, les serviteurs. Moi, je serai quelqu'un d'autre : Florentin, Napolitain... ou pauvre homme de Pise. Il en sera ainsi, la chose est réglée! Tranio, dévêts-toi sur-le-champ, prends mon chapeau et mon manteau de couleur [19]. Quand Biondello sera arrivé, il te servira; mais d'abord je vais lui ordonner de bien tenir sa langue.

Ils échangent leurs vêtements.

TRANIO.
Ce sera nécessaire... Bref, Monsieur, puisque tel est votre

I, I. 206

In brief, sir, sith it your pleasure is,
And I am tied to be obedient—
For so your father charged me at our parting;
'Be serviceable to my son,' quoth he,
210 Although I think 'twas in another sense—
I am content to be Lucentio,
Because so well I love Lucentio.
   LUCENTIO.
Tranio, be so, because Lucentio loves,
And let me be a slave, t'achieve that maid
Whose sudden sight hath thralled my wounded eye...
                              Biondello approaches.
Here comes the rogue... Sirrah, where have you been?
   BIONDELLO.
Where have I been! Nay, how now! where are you?
Master, has my fellow Tranio stol'n your clothes?
Or you stol'n his? or both? pray, what's the news?
   LUCENTIO.
220 Sirrah, come hither. 'Tis no time to jest,
And therefore frame your manners to the time.
Your fellow Tranio here, to save my life,
Puts my apparel and my count'nance on,
And I for my escape have put on his;
For in a quarrel since I came ashore
I killed a man and fear I was descried:
Wait you on him, I charge you, as becomes,
While I make way from hence to save my life:
You understand me?
   BIONDELLO.
230 I, sir? ne'er a whit.
   LUCENTIO.
And not a jot of Tranio in your mouth.
Tranio is changed into Lucentio.
   BIONDELLO.
The better for him, would I were so too!
   TRANIO.
So could I, faith, boy, to have the next wish after,
That Lucentio indeed had Baptista's youngest daughter...
But, sirrah, not for my sake, but your master's, I advise
You use your manners discreetly in all kind of companies:
When I am alone, why, then I am Tranio;
But in all places else, your master Lucentio.

bon plaisir et puisque je suis contraint à l'obéissance (car votre père, en nous quittant, m'a dicté cette consigne : « En tout, aide mon fils », m'a-t-il dit, mais je crains qu'il ne l'entendît dans un autre sens), je serai donc Lucentio, pour l'amour de Lucentio.

LUCENTIO.
Sois-le, Tranio, parce que Lucentio est amoureux : moi, je veux perdre ma liberté pour conquérir la vierge dont la vue soudaine, en meurtrissant mes yeux, les a rendus captifs.

Entre Biondello.

Ah, voici le drôle... Où donc étais-tu, coquin ?

BIONDELLO.
Où j'étais ? Mais d'abord, vous-même, où êtes-vous ? Maître, mon camarade Tranio vous a-t-il volé vos habits ? Lui avez-vous volé les siens ? Vous êtes-vous volés mutuellement ? Que se passe-t-il, s'il vous plaît ?

LUCENTIO.
Approchez, maraud. Ce n'est pas le moment de plaisanter : ainsi donc, accordez vos façons aux besoins du moment. Tranio, votre camarade ici présent, a pris ma mine et mon habit afin de me sauver la vie, et moi, pour m'évader, j'ai emprunté les siens. Car, sitôt débarqué, j'ai tué un homme dans une querelle, et je crains d'avoir été vu. Je vous ordonne donc de le servir comme il sied, tandis que je prends le large pour échapper à la mort. Vous me comprenez ?

BIONDELLO.
Moi, Monsieur ? Pas du tout.

LUCENTIO.
Et n'ayez jamais à la bouche le nom de Tranio, car Tranio s'est transformé en Lucentio.

BIONDELLO.
Tant mieux pour lui ! Je voudrais bien que ça me soit arrivé !

TRANIO.
Et moi de même, petit, si le vœu suivant s'accomplit et si Lucentio finit par épouser la fille cadette de Baptista... Ça, drôle, je vous conseille, non pour moi, mais pour votre maître, de vous conduire avec réserve, en quelque compagnie que nous soyons. Quand je suis seul, soit, je suis Tranio ; mais en tout autre lieu, Lucentio votre maître.

THE TAMING OF THE SHREW

I, I. 240

LUCENTIO.
240 Tranio, let's go:
One thing more rests, that thyself execute,
To make one among those wooers: if thou ask me why,
Sufficeth, my reasons are both good and weighty.

[*they go.*
['*The presenters above speak*'.

I SERVANT.
My lord, you nod, you do not mind the play.
SLY [*awakes*].
Yes, by Saint Anne, do I. A good matter, surely: comes there any more of it?
PAGE.
My lord, 'tis but begun.
SLY.
'Tis a very excellent piece of work, madam lady: would 'twere done!

['*they sit and mark*'.

[I, 2.]   Padua; the square, as before

'PETRUCHIO *and his man* GRUMIO' *draw near Hortensio's house.*

PETRUCHIO.
Verona, for a while I take my leave,
To see my friends in Padua, but of all
My best belovéd and approvéd friend,
Hortensio; and I trow this is his house...
Here, sirrah Grumio, knock, I say.
GRUMIO.
Knock, sir! whom should I knock? is there any man has rebused your worship?
PETRUCHIO.
Villain, I say, knock me here soundly.
GRUMIO.
Knock you here, sir? why, sir, what am I, sir, that I
10 should knock you here, sir?

LUCENTIO.
Partons, Tranio; il y a encore une chose que tu devras faire toi-même : prends place parmi les soupirants. Ne me demande pas pourquoi : qu'il te suffise de savoir que mes raisons sont bonnes et de poids.

Ils sortent.
'*Les gens du prologue parlent d'en-haut*'.

PREMIER VALET.
Vous somnolez, milord, vous ne suivez pas la pièce.

SLY, *s'éveillant.*
Si fait, par sainte Anne, si fait. Bonne histoire, à coup sûr. Est-ce que c'est fini ?

LE PAGE.
Milord, cela commence à peine.

SLY.
C'est du travail fort habilement fait, Madame la dame, mais je voudrais bien en voir la fin.

'*Ils restent sur leurs sièges pour écouter*'.

[I, 2.]   Padoue, même décor

Entrent 'PETRUCHIO *et son valet* GRUMIO'.

PETRUCHIO.
O, Vérone, pour un temps, j'ai donc pris congé de toi, afin de visiter mes amis de Padoue, et entre tous, le plus aimé et le mieux éprouvé, mon cher Hortensio... Je crois que voici sa maison. Arrive, coquin de Grumio, allons, frappe.

GRUMIO.
Frapper, Monsieur ? Qui dois-je frapper ? Quelqu'un a-t-il insulté Votre Seigneurie ?

PETRUCHIO.
Maraud, frappe-moi là bien fort, te dis-je.

GRUMIO.
Vous frapper là, Monsieur ? et qui suis-je, Monsieur, pour vous frapper là, Monsieur ?

59

THE TAMING OF THE SHREW

I, 2. 11

PETRUCHIO.
Villain, I say, knock me at this gate,
And rap me well, or I'll knock your knave's pate.
  GRUMIO.
My master is grown quarrelsome: I should knock you first,
And then I know after who comes by the worst.
  PETRUCHIO.
Will it not be?
Faith, sirrah, an you'll not knock, I'll ring it!
I'll try how you can 'sol, fa' and sing it.

['*he wrings him by the ears*'.

  GRUMIO.
Help, masters, help! my master is mad.
  PETRUCHIO.
Now, knock when I bid you: sirrah! villain!

Hortensio opens.

  HORTENSIO.
20 How now! what's the matter? My old friend Grumio!
and my good friend Petruchio! How do you all at Verona?
  PETRUCHIO.
Signior Hortensio, come you to part the fray?
'Con tutto il cuore, ben trovato', may I say.
  HORTENSIO.
'Alla nostra casa ben venuto, molto honorato signor mio
Petruchio.'
Rise, Grumio, rise, we will compound this quarrel.
  GRUMIO.
Nay, 'tis no matter, sir, what he 'leges in Latin... If this
be not a lawful cause for me to leave his service, look you,
sir... He bid me knock him and rap him soundly, sir: well,
30 was it fit for a servant to use his master so, being perhaps
(for aught I see) two and thirty, a pip out?
Whom would to God I had well knocked at first,
Then had not Grumio come by the worst.
  PETRUCHIO.
A senseless villain! Good Hortensio,

60

LA MÉGÈRE APPRIVOISÉE

PETRUCHIO.
Frappe-moi vite à cette porte, maraud, te dis-je, et cogne fort ou c'est moi qui cognerai ta caboche de faquin!
GRUMIO.
Mon maître se fâche. Si je me mettais à vous frapper, je sais bien qui finirait par être roué de coups!
PETRUCHIO.
Tu n'obéis pas! Morbleu, coquin, si tu ne frappes pas, moi, je vais te sonner. Je te ferai pousser sol et fa et je t'en chanterai un air.

'Il lui tire les oreilles'.

GRUMIO.
Au secours, messires, au secours, mon maître est fou!
PETRUCHIO.
Maintenant, tu frapperas quand je te l'ordonne, coquin, maroufle!

Hortensio ouvre sa porte.

HORTENSIO.
Eh bien, que se passe-t-il? Mon vieil ami Grumio! et mon très cher Petruchio! Comment allez-vous tous à Vérone?
PETRUCHIO.
Signor Hortensio, venez-vous séparer les combattants? *Con tutto il cuore, ben trovato*, je puis le dire!
HORTENSIO.
Alla nostra casa ben venuto, molto honorato signor mio Petruchio. Relève-toi, Grumio, relève-toi, nous arrangerons cette querelle.
GRUMIO.
Là, Monsieur, ça ne tient pas debout, tout ce qu'il vous explique en latin... Vous allez voir, Monsieur, si je n'ai point là un motif légal pour quitter son service : il m'a ordonné de le cogner et de le frapper bien fort, Monsieur. Eh bien, est-il convenable qu'un serviteur traite ainsi son maître, surtout quand ce maître (à première vue) ne semble pas de taille à se défendre [20]? Plût à Dieu que Grumio ait cogné le premier, il n'aurait pas été rossé de telle sorte.
PETRUCHIO.
Imbécile faquin! Cher Hortensio, j'ordonnais à cette canaille

THE TAMING OF THE SHREW

I, 2. 35

I bade the rascal knock upon your gate,
And could not get him for my heart to do it.
GRUMIO.
Knock at the gate! O heavens! Spake you not these words
plain, 'Sirrah, knock me here: rap me here: knock me
well, and knock me soundly'? And come you now with
40 'knocking at the gate'?
PETRUCHIO.
Sirrah, be gone, or talk not, I advise you.
HORTENSIO.
Petruchio, patience, I am Grumio's pledge:
Why, this' a heavy chance 'twixt him and you,
Your ancient, trusty, pleasant servant Grumio...
And tell me now, sweet friend, what happy gale
Blows you to Padua here from old Verona?
PETRUCHIO.
Such wind as scatters young men through the world,
To seek their fortunes farther than at home,
Where small experience grows. But in a few,
50 Signior Hortensio, thus it stands with me—
Antonio, my father, is deceased,
And I have thrust myself into this maze,
Haply to wive and thrive as best I may:
Crowns in my purse I have, and goods at home,
And so am come abroad to see the world.
HORTENSIO,
Petruchio, shall I then come roundly to thee,
And wish thee to a shrewd ill-favoured wife?
Thou'dst thank me but a little for my counsel:
And yet I'll promise thee she shall be rich,
60 And very rich: but th'art too much my friend,
And I'll not wish thee to her.
PETRUCHIO.
Signior Hortensio, 'twixt such friends as we,
Few words suffice: and therefore, if thou know
One rich enough to be Petruchio's wife—
As wealth is burthen of my wooing dance—
Be she as foul as was Florentius' love,
As old as Sibyl, and as curst and shrewd
As Socrates' Xanthippe, or a worse,
She moves me not, or not removes, at least,
70 Affection's edge in me, were she as rough
As are the swelling Adriatic seas...

LA MÉGÈRE APPRIVOISÉE

de frapper à votre porte sans pouvoir obtenir de force ou de gré qu'il le fît!

GRUMIO.
Frapper à la porte! ô Ciel!... est-ce que vous ne m'avez pas dit ces paroles exactes : Maraud, frappe-moi ici, cogne-moi bien, et cogne-moi fort ? Et maintenant, vous venez parler de frapper à la porte!...

PETRUCHIO.
Sors d'ici, drôle, ou tais-toi, je te le conseille.

HORTENSIO.
Patience, Petruchio, je me porte garant de Grumio. Les chances sont par trop inégales entre vous et lui, Grumio, votre très vieux, très fidèle et plaisant serviteur. Et maintenant, dites-moi, doux ami, quel heureux vent vous a poussé de l'antique Vérone jusqu'à notre ville de Padoue ?

PETRUCHIO.
Le vent qui disperse les jeunes gens de par le monde et les envoie chercher fortune loin d'un pays natal qui ne leur offre plus assez de ressources. En peu de mots, Signor Hortensio, voici ma situation : Antonio, mon père, est mort et j'ai voulu chercher ma route parmi le labyrinthe de ce monde, pour tenter d'y trouver le bonheur dans le mariage et la réussite dans mes entreprises. J'ai des écus dans ma bourse, du bien dans mon pays, aussi me suis-je mis en route pour voir le monde.

HORTENSIO.
Alors, Petruchio, te parlerai-je sans détour, et te présenterai-je à une insupportable mégère ? Tu ne me remercierais guère de ma recommandation. Et pourtant je te promets qu'elle sera riche et même très riche; mais j'ai trop d'amitié pour toi et ne te présenterai point à elle.

PETRUCHIO.
Signor Hortensio, entre des amis tels que nous, peu de mots suffisent : donc, si tu connais une femme assez riche pour devenir l'épouse de Petruchio, — l'or étant le refrain de ma ronde amoureuse — fût-elle aussi orde que la fiancée de Florent [21], aussi vieille que la Sibylle [22], aussi acariâtre et querelleuse que la Xantippe de Socrate, et pire encore, cela ne saurait m'affecter, ou du moins émousser l'affection qu'elle m'inspirera, quand elle aurait la violence de l'Adriatique en

I, 2. 72

I come to wive it wealthily in Padua;
If wealthily, then happily in Padua.
GRUMIO.
Nay, look you, sir, he tells you flatly what his mind is: why, give him gold enough, and marry him to a puppet or an aglet baby, or an old trot with ne'er a tooth in her head, though she have as many diseases as two and fifty horses... Why, nothing comes amiss, so money comes withal.
HORTENSIO.
80 Petruchio, since we are stepped thus far in,
I will continue that I broached in jest.
I can, Petruchio, help thee to a wife
With wealth enough, and young and beauteous,
Brought up as best becomes a gentlewoman.
Her only fault, and that is faults enough,
Is—that she is intolerable curst
And shrewd and froward, so beyond all measure,
That were my state far worser than it is,
I would not wed her for a mine of gold.
PETRUCHIO.
90 Hortensio, peace; thou know'st not gold's effect.
Tell me her father's name and 'tis enough;
For I will board her, though she chide as loud
As thunder when the clouds in autumn crack.
HORTENSIO.
Her father is Baptista Minola,
An affable and courteous gentleman,
Her name is Katharina Minola,
Renowned in Padua for her scolding tongue.
PETRUCHIO.
I know her father, though I know not her,
And he knew my deceasèd father well:
100 I will not sleep, Hortensio, till I see her,
And therefore let me be thus bold with you,
To give you over at this first encounter,
Unless you will accompany me thither.
GRUMIO.
I pray you, sir, let him go while the humour lasts... O' my word, an she knew him as well as I do, she would think scolding would do little good upon him. She may perhaps call him half a score knaves or so: why, that's nothing; an he begin once, he'll rail in his rope-tricks. I'll tell you what, sir, an she stand him but a little, he

furie... Je suis venu pour faire un riche mariage à Padoue ; s'il est riche, alors il est heureux, mon mariage à Padoue!

GRUMIO.

Ah, vous voyez, Monsieur, il vous dit carrément ce qu'il pense : voilà, donnez-lui assez d'or et mariez-le à une marionnette, à une figurine d'aiguillette [23] ou à une vieille sorcière édentée aussi pourrie d'infirmités que cinquante et deux chevaux... peu importe, tout va bien si l'argent va avec.

HORTENSIO.

Petruchio, puisque nous nous sommes avancés si loin, je vais poursuivre ce que j'avais commencé par badinage. Je puis, Petruchio, te fournir une femme. Elle a tout l'argent qu'il faut, elle est jeune et belle, élevée comme il convient à une fille de qualité. Son seul défaut, et il en vaut de multiples, c'est d'être une intolérable mégère, querelleuse, obstinée, à un point si démesuré que, fussé-je beaucoup plus pauvre que je ne le suis, je ne l'épouserais pas pour une mine d'or.

PETRUCHIO.

Paix, Hortensio, tu ne connais pas la vertu de l'or. Dis-moi le nom de son père, je n'en veux pas plus ; car je suis résolu à livrer assaut, grondât-elle aussi fort que le tonnerre lorsque crèvent les nuages d'automne.

HORTENSIO.

Son père est Baptista Minola, gentilhomme courtois et affable. Elle a nom Catarina Minola, célèbre dans Padoue pour sa langue hargneuse.

PETRUCHIO.

Je ne la connais pas, mais je connais son père, lequel a bien connu le mien en son temps. Hortensio, je ne dormirai pas que je ne l'aie vue. Aussi, souffrez que je prenne la liberté de vous quitter en cette première rencontre, à moins que vous ne m'accompagniez chez elle.

GRUMIO.

Monsieur, je vous en prie, laissez-le aller pendant que dure cette lubie... Ma parole, si elle le connaissait aussi bien que je le connais, elle saurait qu'avec lui ça ne sert à rien de ronchonner. Même si elle le traite de vaurien ou de n'importe quoi une douzaine de fois, que voulez-vous que ça lui fasse ? Mais lui, s'il commence à parler, il te lui donnera de la rhétrique. C'est moi qui vous le dis, Monsieur, et pour peu

THE TAMING OF THE SHREW

I, 2. 110

110 will throw a figure in her face, and so disfigure her with
it, that she shall have no more eyes to see withal than a
cat... You know him not, sir.
HORTENSIO.
Tarry, Petruchio, I must go with thee,
For in Baptista's keep my treasure is:
He hath the jewel of my life in hold,
His youngest daughter, beautiful Bianca,
And her withholds from me and other more,
Suitors to her and rivals in my love;
Supposing it a thing impossible,
120 For those defects I have before rehearsed,
That ever Katharina will be wooed:
Therefore this order hath Baptista ta'en,
That none shall have access unto Bianca,
Till Katharine the curst have got a husband.
GRUMIO.
Katharine the curst!
A title for a maid of all titles the worst.
HORTENSIO [*draws Petruchio aside*].
Now shall my friend Petruchio do me grace,
And offer me disguised in sober robes
To old Baptista as a schoolmaster
130 Well seen in music, to instruct Bianca,
That so I may by this device at least
Have leave and leisure to make love to her,
And unsuspected court her by herself.
GRUMIO.
Here's no knavery! See, to beguile the old folks, how the
young folks lay their heads together!
*Gremio enters the square, with 'Lucentio disguised' as Cambio,
a schoolmaster.*
Master, master, look about you: who goes there? ha!
(HORTENSIO.
Peace, Grumio! it is the rival of my love.
Petruchio, stand by a while.
(GRUMIO.
A proper stripling and an amorous!

[*they stand by*.

GRUMIO.
140 O, very well—I have perused the note...
Hark you, sir, I'll have them very fairly bound—
All books of love, see that at any hand—
And see you read no other lectures to her:

qu'elle lui résiste, il te lui enverra une telle figure en travers du visage qu'elle en sera bel et bien défigurée et qu'elle en aura les yeux pas plus grands que ceux d'un chat... Ah, vous ne le connaissez pas, Monsieur!

HORTENSIO.

Demeure, Petruchio, il faut que je t'accompagne : car Baptista détient mon trésor... oui, le joyau de ma vie est en son pouvoir : sa fille cadette, la belle Bianca, qu'il cache à mes regards comme à ceux de ses autres prétendants, mes rivaux en amour. Tenant pour impossible, à cause des défauts que je t'énumérai, que jamais Catarina pût être recherchée, Baptista a résolu que nul n'approcherait Bianca tant que Catarina-la-harpie n'aura pas trouvé d'époux.

GRUMIO.

Catarina-la-harpie! Est-il pire sobriquet pour une fille?

HORTENSIO.

Mon ami Petruchio voudra-t-il maintenant me faire une grâce? Il s'agit (lorsque j'aurai revêtu la robe solennelle) de me proposer au vieux Baptista comme un savant maître de musique venu pour instruire Bianca : afin que j'aie, du moins, par ce stratagème, liberté et loisir de lui faire ma cour, et, sans éveiller les soupçons, de lui parler de mon amour.

GRUMIO.

Sans la moindre fourberie, oh, non! Voyez comme les jeunes s'entendent lorsqu'il s'agit de berner les vieux!

Entre Gremio, accompagné de 'Lucentio déguisé' en maître d'école.

Maître, maître, regardez derrière vous! Holà, voyez qui arrive.

(HORTENSIO.

Paix, Grumio! C'est mon rival. Petruchio, écartons-nous un instant.

(GRUMIO.

Joli jouvenceau, ma foi, et l'air fort galant.

Ils s'écartent.

GREMIO.

Oh, soyez tranquille. J'ai étudié la liste... Écoutez, Monsieur, je les veux, quels qu'ils soient, tous joliment reliés, et parlant tous d'amour ; ayez soin de ne point lui donner d'autre

THE TAMING OF THE SHREW

I, 2. 144

You understand me... Over and beside
Signior Baptista's liberality,
I'll mend it with a largess... [*returning the note*] Take your
                                                  paper too.
And let me have them very well perfumed;
For she is sweeter than perfume itself,
To whom they go... What will you read to her?
  LUCENTIO.
Whate'er I read to her, I'll plead for you
As for my patron, stand you so assured,
As firmly as yourself were still in place,
Yea, and perhaps with more successful words
Than you... unless you were a scholar, sir.
  GREMIO.
O this learning, what a thing it is!
  (GRUMIO.
O this woodcock, what an ass it is!
  (PETRUCHIO.
Peace, sirrah.
  (HORTENSIO.
Grumio, mum!
[*comes forward*] God save you, Signior Gremio!
  GREMIO.
And you are well met, Signior Hortensio.
Trow you whither I am going? To Baptista Minola.
I promised to inquire carefully
About a schoolmaster for the fair Bianca,
And by good fortune I have lighted well
On this young man; for learning and behaviour
Fit for her turn, well read in poetry
And other books—good ones, I warrant ye.
  HORTENSIO.
'Tis well: and I have met a gentleman
Hath promised me to help me to another,
A fine musician to instruct our mistress,
So shall I no whit be behind in duty
To fair Bianca, so beloved of me.
  GREMIO.
Beloved of me, and that my deeds shall prove.
  (GRUMIO.
And that his bags shall prove.

68

lecture, vous me comprenez... A côté, et en plus, de la libéralité du signor Baptista, vous pouvez compter sur mes largesses. Reprenez votre papier. Et surtout que ces livres soient bien parfumés, car elle est plus suave que le plus suave parfum, celle à qui ils sont destinés. Qu'allez-vous lui lire ?

LUCENTIO.
Quoi que je lise, je plaiderai votre cause, soyez-en sûr ; je plaiderai la cause de mon protecteur, aussi vigoureusement que vous le feriez vous-même, et qui sait... peut-être mes paroles seront-elles plus persuasives encore que les vôtres... à moins, monsieur, que vous ne soyez un savant ?

GREMIO.
Oh, le savoir, quelle belle chose!

(GRUMIO.
Oh, ce dindon, quel âne!

(PETRUCHIO.
Paix, maroufle.

(HORTENSIO.
Silence, Grumio!

Hortensio s'avance.

Dieu vous garde, Signor Gremio!

GREMIO.
La bienvenue, Signor Hortensio. Savez-vous où je vais ? Chez Baptista Minola. Je lui ai promis de m'enquérir avec soin d'un maître d'école pour la belle Bianca, et ma bonne fortune m'a fait rencontrer ce jeune homme ; sa science et ses bonnes façons en font un maître parfait pour elle. Il connaît bien les poètes, et d'autres livres, tous bons, je vous le garantis.

HORTENSIO.
Fort bien. Et moi j'ai rencontré un gentilhomme qui m'a promis de me procurer un autre maître, excellent musicien, pour instruire notre maîtresse. Ainsi je ne serai pas en reste pour remplir mes devoirs envers la belle Bianca, tant chérie de moi.

GREMIO.
Et tant chérie de moi, ainsi que mes actes le prouveront.

(GRUMIO.
Ainsi que ses sacs d'écus le prouveront.

THE TAMING OF THE SHREW

I, 2. 175

HORTENSIO.
Gremio, 'tis now no time to vent our love.
Listen to me, and if you speak me fair,
I'll tell you news indifferent good for either.
Here is a gentleman whom by chance I met,
Upon agreement from us to his liking,
180 Will undertake to woo curst Katharine,
Yea, and to marry her, if her dowry please.
GREMIO.
So said, so done, is well...
Hortensio, have you told him all her faults?
PETRUCHIO.
I know she is an irksome brawling scold:
If that be all, masters, I hear no harm.
GREMIO.
No, say'st me so, friend? What countryman?
PETRUCHIO.
Born in Verona, old Antonio's son:
My father dead, my fortune lives for me,
And I do hope good days and long to see.
GREMIO.
190 Sir, such a life, with such a wife, were strange!
But, if you have a stomach, to't a God's name—
You shall have me assisting you in all...
But will you woo this wild-cat?
PETRUCHIO.
                        Will I live?
GRUMIO.
Will he woo her? ya, or I'll hang her.
PETRUCHIO.
Why came I hither but to that intent?
Think you a little din can daunt mine ears?
Have I not in my time heard lions roar?
Have I not heard the sea puffed up with winds
Rage like an angry boar chaféd with sweat?
200 Have I not heard great ordnance on the field,
And heaven's artillery thunder in the skies?
Have I not in a pitchéd battle heard
Loud 'larums, neighing steeds, and trumpets' clang?
And do you tell me of a woman's tongue,
That gives not half so great a blow to hear,

LA MÉGÈRE APPRIVOISÉE

HORTENSIO.
Gremio, ce n'est point le moment de donner vent à notre amour. Écoutez-moi; si vraiment vous me parlez avec loyauté, je vais vous apprendre une nouvelle, bonne autant pour vous que pour moi. Voici un gentilhomme que j'ai rencontré par hasard, et j'ai conclu avec lui un accord qui lui agrée : il entreprend de courtiser Catarina-la-harpie, oui, et de l'épouser si sa dot lui convient.

GREMIO.
Ceci dit, ceci fait, tout serait bien... Hortensio, lui avez-vous énuméré tous ses défauts ?

PETRUCHIO.
Je sais que c'est une fille acariâtre, braillarde et bougonne : si c'est là tout, mes maîtres, je n'ai rien appris d'alarmant.

GREMIO.
Rien, dites-vous, ami ? De quel pays êtes-vous ?

PETRUCHIO.
Né à Vérone, fils du vieil Antonio : mon père est mort, ma fortune vit, pour me servir; et mon espoir est qu'elle me fasse vivre de longs et bons jours.

GREMIO.
Avec une telle femme, une telle vie, messire, serait bien étonnante. Pourtant, si vous en avez le goût, allez-y, de par Dieu! et comptez sur mon aide en tout... Mais, vraiment, vous voulez tenter de conquérir ce chat sauvage ?

PETRUCHIO.
Veux-je vivre ?

GRUMIO.
Fera-t-il sa conquête ? Oui, ou je l'étrangle, elle.

PETRUCHIO.
Pourquoi donc suis-je ici si ce n'est dans ce but ? Croyez-vous qu'un peu de vacarme effarouche mes oreilles ? N'ai-je pas, au cours de ma vie, entendu le lion rugir ? N'ai-je pas entendu l'océan gonflé par les vents gronder comme un sanglier furieux, couvert d'écume ? N'ai-je pas entendu les canons tonner sur le terrain et l'artillerie du ciel éclater dans les airs ? N'ai-je pas entendu, au plus fort de la bataille, les retentissantes alarmes, les hennissements des coursiers, et la fanfare des trompettes ? Et vous venez me parler d'une langue de femme, qui ne heurte pas plus l'oreille que le crépitement

THE TAMING OF THE SHREW

I, 2. 206

As will a chestnut in a farmer's fire?
Tush! tush! fear boys with bugs.
GRUMIO.
                       For he fears none.
GREMIO.
Hortensio, hark:
This gentleman is happily arrived,
210 My mind presumes, for his own good and ours.
HORTENSIO.
I promised we would be contributors
And bear his charge of wooing, whatsoe'er.
GREMIO.
And so we will, provided that he win her.
GRUMIO.
I would I were as sure of a good dinner.

Tranio, bravely apparelled as Lucentio, swaggers up with Biondello.

TRANIO.
Gentlemen, God save you! If I may be bold,
Tell me, I beseech you, which is the readiest way
To the house of Signior Baptista Minola?
BIONDELLO.
He that has the two fair daughters: is't he you mean?
TRANIO.
Even he, Biondello.
GREMIO.
220 Hark you, sir! You mean not her too?
TRANIO.
Perhaps, him and her, sir. What have you to do?
PETRUCHIO.
Not her that chides, sir, at any hand, I pray.
TRANIO.
I love no chiders, sir: Biondello, let's away.
(LUCENTIO.
Well begun, Tranio.
HORTENSIO.
                Sir, a word ere you go:
Are you a suitor to the maid you talk of, yea or no?
TRANIO.
And if I be, sir, is it any offence?

des marrons dans l'âtre du fermier. Fi, fi, gardez vos croque-mitaines [24] pour effrayer les marmots!
GRUMIO.
Car lui n'a peur de rien.
GREMIO.
Écoutez, Hortensio. Ce gentilhomme arrive fort à propos, autant, j'aime à le croire, pour son bien que pour le nôtre.
HORTENSIO.
J'ai promis que nous aurions notre part, vous et moi, à ce qu'il dépensera pour la courtiser, quelque somme que ce soit.
GREMIO.
C'est accepté! pourvu qu'il se fasse accepter.
GRUMIO.
Je souhaiterais être aussi sûr de bien dîner.

Entre Tranio, richement vêtu, accompagné de Biondello

TRANIO.
Messieurs, que Dieu vous garde! Excusez ma hardiesse et dites-moi, je vous en prie, quel est le plus court chemin pour aller chez le signor Baptista Minola?
BIONDELLO.
Celui qui a deux jolies filles... C'est bien de lui que vous parlez?
TRANIO.
De lui-même, Biondello.
GREMIO.
Écoutez, monsieur... Vous ne venez pas pour la voir, elle...?
TRANIO.
Elle et lui peut-être, monsieur, qu'y trouvez-vous à redire?
PETRUCHIO.
Pas celle qui querelle, en tout cas, monsieur, je vous prie!
TRANIO.
Je n'aime par les querelleurs, monsieur. Partons, Biondello.
(LUCENTIO.
Bon début, Tranio.
HORTENSIO.
Monsieur, un mot avant que vous partiez : celle dont vous parlez, prétendez-vous à sa main, oui ou non?
TRANIO.
Et quand ce serait oui, monsieur, est-ce un crime?

THE TAMING OF THE SHREW

I, 2. 227

GREMIO.
No; if without more words you will get you hence.
TRANIO.
Why, sir, I pray, are not the streets as free
For me as for you?
GREMIO.
     But so is not she.
TRANIO.
230 For what reason, I beseech you?
GREMIO.
     For this reason, if you 'll know,
That she's the choice love of Signior Gremio.
HORTENSIO.
That she's the chosen of Signior Hortensio.
TRANIO.
Softly, my masters! if you be gentlemen,
Do me this right; hear me with patience.
Baptista is a noble gentleman,
To whom my father is not all unknown,
And were his daughter fairer than she is,
She may more suitors have and me for one.
Fair Leda's daughter had a thousand wooers,
240 Then well one more may fair Bianca have:
And so she shall; Lucentio shall make one,
Though Paris came in hope to speed alone.
GREMIO.
What, this gentleman will out-talk us all!
LUCENTIO.
Sir, give him head, I know he'll prove a jade.
PETRUCHIO.
Hortensio, to what end are all these words?
HORTENSIO.
Sir, let me be so bold as ask you,
Did you yet ever see Baptista's daughter?
TRANIO.
No, sir, but hear I do that he hath two:
The one as famous for a scolding tongue,
250 As is the other for beauteous modesty.
PETRUCHIO.
Sir, sir, the first's for me, let her go by.

GREMIO.
Nenni, pourvu que vous déguerpissiez sans ajouter un mot.
TRANIO.
Ah çà, monsieur, la rue n'est-elle pas à tout le monde ?
GREMIO.
Si fait, mais la jeune fille ne l'est pas.
TRANIO.
Et pour quelle raison, je vous prie ?
GREMIO.
Si vous voulez le savoir, pour la raison qu'elle est celle que le signor Gremio aime.
HORTENSIO.
Et celle que le signor Hortensio a choisie.
TRANIO.
Doucement, mes maîtres. Si vous êtes gentilshommes, écoutez-moi patiemment : c'est mon droit. Baptista est un noble gentilhomme à qui mon père n'est pas inconnu, et, sa fille fût-elle plus ravissante encore, le nombre de ses galants, moi entre autres, n'en serait que plus grand. La fille de la belle Léda [25] eut mille soupirants, Bianca peut donc en avoir un de plus, et elle l'aura. Lucentio sera cet amant, quand Pâris lui-même se présenterait avec l'espoir de l'emporter sur ses rivaux.
GREMIO.
Eh quoi! ce gentilhomme ne nous laissera-t-il pas placer un mot ?
LUCENTIO.
Rendez la main, Monsieur ; je sais que ce cheval n'est qu'une rosse.
PETRUCHIO.
Hortensio, à quoi bon toutes ces paroles ?
HORTENSIO.
Monsieur, oserais-je vous demander si vous avez jamais vu la fille de Baptista ?
TRANIO.
Non, messire, mais l'on m'a dit qu'il en a deux : l'une aussi connue pour sa langue querelleuse que l'autre pour sa modestie pleine de grâce.
PETRUCHIO.
Monsieur, monsieur, la première est pour moi, ne vous occupez pas d'elle.

1, 2. 252

GREMIO.
Yea, leave that labour to great Hercules,
And let it be more than Alcides' twelve.
PETRUCHIO.
Sir, understand you this of me in sooth,
The youngest daughter whom you 'hearken for
Her father keeps from all access of suitors,
And will not promise her to any man,
Until the elder sister first be wed.
The younger then is free, and not before.
TRANIO.
260 If it be so, sir, that you are the man
Must stead us all and me amongst the rest;
And if you break the ice and do this feat,
Achieve the elder, set the younger free
For our access, whose hap shall be to have her
Will not so graceless be to be ingrate.
HORTENSIO.
Sir, you say well, and well you do conceive,
And since you do profess to be a suitor,
You must, as we dó, gratify this gentleman,
To whom we all rest generally beholding.
TRANIO.
270 Sir, I shall not be slack, in sign whereof,
Please ye we may contrive this afternoon,
And quaff carouses to our mistress' health,
And do as adversaries do in law,
Strive mightily, but eat and drink as friends.
GRUMIO, BIONDELLO.
O excellent motion! Fellows, let's be gone.
HORTENSIO.
The motion's good indeed, and be it so,
Petruchio, I shall be your ben venuto.

[*they go.*

LA MÉGÈRE APPRIVOISÉE

GREMIO.
Non, laissez ce labeur au grand Hercule : il éclipsera les douze travaux d'Alcide.
PETRUCHIO.
Monsieur, comprenez-moi bien, je vous parle franc : cette fille cadette, que vous guettez, est soustraite par son père aux démarches de tout prétendant; il ne la promettra à nul homme que la fille aînée ne soit mariée. La cadette sera libre alors, mais pas avant.
TRANIO.
S'il en est ainsi, monsieur, vous êtes l'homme qui nous rendra, à moi comme aux autres, le plus grand service; et si vous rompez la glace, si vous faites cette prouesse, en séduisant l'aînée, de libérer pour nous la plus jeune, celui qui aura le bonheur de la conquérir n'aura pas l'inélégance de se montrer ingrat.
HORTENSIO.
Bien dit, monsieur. Il est de votre part honnête, puisque vous déclarez vous mettre sur les rangs, de reconnaître, comme nous le faisons, votre dette de gratitude envers ce gentilhomme à qui nous aurons tous bien de l'obligation.
TRANIO.
Je n'y mettrai pas, monsieur, de négligence. En signe de cette entente, vous plairait-il de consacrer la soirée à festoyer et boire à la santé de notre maîtresse? Imitons les avocats, qui luttent en adversaires au tribunal, mais mangent et boivent ensemble comme des amis.
GRUMIO et BIONDELLO.
Oh, l'excellente requête! En route, compagnons.
HORTENSIO.
La requête est bonne, il est vrai. Ainsi soit-il. Petruchio, vous êtes mon invité.

Ils sortent.

THE TAMING OF THE SHREW

[II, I.]   A room in the house of Baptista

KATHARINA *with a whip stands over* BIANCA, *who crouches by the wall, her hands tied behind her.*

BIANCA.
Good sister, wrong me not, nor wrong yourself,
To make a bondmaid and a slave of me.
That I disdain: but for these other gauds,
Unbind my hands, I'll pull them off myself,
Yea, all my raiment, to my petticoat,
Or what you will command me will I do,
So well I know my duty to my elders.
KATHARINA.
Of all thy suitors, here I charge thee, tell
Whom thou lov'st best: see thou dissemble not.
BIANCA.
10 Believe me, sister, of all the men alive
I never yet beheld that special face
Which I could fancy more than any other.
KATHARINA.
Minion, thou liest: is't not Hortensio?
BIANCA.
If you affect him, sister, here I swear
I'll plead for you myself, but you shall have him.
KATHARINA.
O then, belike, you fancy riches more—
You will have Gremio to keep you fair.
BIANCA.
Is it for him you do envy me so?
Nay then you jest, and now I well perceive
20 You have but jested with me all this while:
I prithee, sister Kate, untie my hands.
KATHARINA [*'strikes her'*].
If that be jest, then all the rest was so.

Baptista enters.

BAPTISTA.
Why, how now, dame! whence grows this insolence?
Bianca, stand aside. Poor girl! she weeps...

[*he unbinds her hands.*

LA MÉGÈRE APPRIVOISÉE

[II, I.]   Une chambre dans la maison de Baptista

CATARINA, *armée d'un fouet, en menace* BIANCA,
blottie contre le mur, les mains liées.

BIANCA.
Chère sœur, ne me faites pas, ne vous faites pas à vous-même l'injure de me traiter en servante et en esclave. Cela ne saurait m'atteindre. Et s'il s'agit de ces colifichets que voilà, détachez-moi les mains et je les arracherai de mon corps, oui, tous mes atours, jusqu'à mon jupon ; et je ferai ce que vous m'ordonnerez de faire, je vous l'assure, car je connais bien mes devoirs envers mes aînés.
CATARINA.
Parmi tous tes galants, je t'ordonne de me dire quel est celui que tu aimes. Et surtout pas de mensonges.
BIANCA.
Croyez-moi, ma sœur, parmi tous les hommes, je n'ai jamais trouvé un seul visage au monde qui m'inspirât plus d'amour que les autres.
CATARINA.
Tu mens, mijaurée. Serait-ce pas Hortensio ?
BIANCA.
Si vous avez pour lui quelque tendresse, ma sœur, je jure que je plaiderai moi-même votre cause afin qu'il vous appartienne.
CATARINA.
Oh, c'est sans doute que tu préfères la fortune... Tu prendras Gremio pour te bien entretenir.
BIANCA.
Est-ce à cause de lui que vous me détestez ainsi ? Mais non, vous plaisantez et je vois bien maintenant que vous n'avez jamais cessé de vous jouer de moi : je t'en prie, sœur Cateau, détache-moi les mains.
CATARINA *'la frappe'*.
Si ceci est un jeu, tout le reste en était un.

Entre Baptista.

BAPTISTA.
Holà, donzelle, holà ! D'où vient cette insolence ? Écarte-toi, Bianca. Pauvre enfant ! Elle pleure... Retourne à ton aiguille,

THE TAMING OF THE SHREW

II, I. 25

Go ply thy needle, meddle not with her.
For shame, thou hilding of a devilish spirit,
Why dost thou wrong her that did ne'er wrong thee?
When did she cross thee with a bitter word?
    KATHARINA.
Her silence flouts me, and I'll be revenged.

['*flies after Bianca*'.

BAPTISTA [*checks her*].
30 What, in my sight? Bianca, get thee in.

[*Bianca departs.*

    KATHARINA.
What, will you not suffer me? Nay, now I see
She is your treasure, she must have a husband,
I must dance bare-foot on her wedding-day
And for your love to her lead apes in hell...
Talk not to me, I will go sit and weep,
Till I can find occasion of revenge

[*she flings out.*

    BAPTISTA.
Was ever gentleman thus grieved as I?
But who comes here?

Gremio enters, with Lucentio as Cambio the schoolmaster, Petruchio, with Hortensio as Licio the musician, and Tranio as Lucentio, 'with his boy bearing a lute and books'.

    GREMIO.
Good morrow, neighbour Baptista.
    BAPTISTA.
40 Good morrow, neighbour Gremio... [*he bows*] God save you, gentlemen!
    PETRUCHIO.
And you, good sir: have you not a daughter
Called Katharina, fair and virtuous?
    BAPTISTA.
I have a daughter, sir, called Katharina.
    GREMIO.
You are too blunt, go to it orderly.
    PETRUCHIO.
You wrong me, Signior Gremio, give me leave...

80

LA MÉGÈRE APPRIVOISÉE

ne te frotte pas à elle. Fi! drôlesse possédée du diable, n'as-tu pas honte de faire du mal à celle qui ne t'en a jamais fait? Quand t'a-t-elle blessée par la moindre parole méchante?

CATARINA.
C'est son silence qui me nargue et je veux me venger.

'*Elle se précipite sur Bianca*'.

BAPTISTA *l'arrête*.
Quoi! sous mes yeux! Rentre chez toi, Bianca.

Sort Bianca.

CATARINA.
Quoi, prendrez-vous toujours son parti contre moi? Oui, oui, je le vois bien, elle est votre trésor; à elle, il lui faut un mari; et moi, pour prix de cet amour que vous lui prodiguez, je danserai pieds nus [26] le jour de ses noces, et j'irai garder les singes en enfer [27]... Ne me parlez pas. Je me retire pour pleurer jusqu'à ce que sonne l'heure de ma vengeance.

Elle sort.

BAPTISTA.
Y eut-il jamais homme aussi affligé? Mais, qui vient là?

Entrent Gremio avec Lucentio déguisé, et devenu Cambio maître d'école, Petruchio accompagné de Hortensio, devenu Licio, maître de musique, et Tranio, jouant le rôle de Lucentio, 'accompagné de son page Biondello, portant un luth et des livres'.

GREMIO.
Bonjour, voisin Baptista.

BAPTISTA.
Bonjour, voisin Gremio... Dieu vous garde, messires.

PETRUCHIO.
Et vous aussi, cher monsieur; dites-moi, n'avez-vous pas une fille, belle et vertueuse, qui se nomme Catarina?

BAPTISTA.
J'ai une fille, c'est vrai, qui se nomme Catarina, monsieur.

GREMIO.
Vous êtes trop brusque : mettez-y quelques formes.

PETRUCHIO.
Vous me faites injure, Signor Gremio, permettez... Vous

THE TAMING OF THE SHREW

II, I. 47

 I am a gentleman of Verona, sir,
That, hearing of her beauty and her wit,
Her affability and bashful modesty...
       [*Baptista throws up his hands.*
50 Her wondrous qualities, and mild behaviour,
Am bold to show myself a forward guest
Within your house, to make mine eye the witness
Of that report which I so oft have heard.
And, for an entrance to my entertainment,
I do present you with a man of mine,
        [*presenting Hortensio.*
Cunning in music and the mathematics,
To instruct her fully in those sciences,
Whereof I know she is not ignorant.
Accept of him, or else you do me wrong.
60 His name is Licio, born in Mantua.
 BAPTISTA.
Y'are welcome, sir, and he for your good sake.
But for my daughter Katharine, this I know,
She is not your turn, the more my grief.
 PETRUCHIO.
I see you do not mean to part with her,
Or else you like not of my company.
 BAPTISTA.
Mistake me not, I speak but as I find.
Whence are you, sir? what may I call your name?
 PETRUCHIO.
Petruchio is my name, Antonio's son,
A man well known throughout all Italy.
 BAPTISTA.
70 I know him well: you are welcome for his sake.
 GREMIO.
Saving your tale, Petruchio, I pray,
Let us, that are poor petitioners, speak too!
Backare! you are marvellous forward.
 PETRUCHIO.
O, pardon me, Signior Gremio, I would fain be doing.
 GREMIO.
I doubt it not, sir; but you will curse your wooing.
[*to Baptista*] Neighbour, this is a gift very grateful, I am sure of it. To express the like kindness, myself, that have been more kindly beholding to you than any, freely give unto you this young scholar, [*presenting Lucentio*] that

voyez devant vous, monsieur, un gentilhomme de Vérone. Ayant entendu vanter sa beauté, son esprit, sa courtoisie et sa pudique réserve, toutes ses merveilleuses qualités et la douceur de ses manières, j'ai eu la hardiesse de m'inviter chez vous sans vergogne, afin que mes yeux pussent contempler ce que mes oreilles ont entendu si souvent décrire. Et, pour commencer de mériter votre bon accueil, permettez que je vous présente un homme à moi *(il présente Hortensio)*, expert en musique et en mathématiques : il pourra donner à votre fille une connaissance parfaite de ces arts qui, je le sais, ne lui sont point inconnus. Acceptez-le, si vous ne voulez me désobliger. Son nom est Licio, natif de Mantoue.
BAPTISTA.
Vous êtes le bienvenu, messire, et lui aussi, pour l'amour de vous. Mais quant à ma fille Catarina, elle n'est pas ce qu'il vous faut, je le sais et j'en suis bien marri.
PETRUCHIO.
Je vois que vous ne voulez pas vous séparer d'elle, ou serait-ce que mon commerce vous déplaît ?
BAPTISTA.
Comprenez-moi bien, je ne dis que ce qui est. De quelle famille êtes-vous, monsieur ? Quel nom dois-je vous donner ?
PETRUCHIO.
Je m'appelle Petruchio, et suis fils d'Antonio, qui fut de bon renom dans toute l'Italie.
BAPTISTA.
Je le connais bien : soyez le bienvenu en souvenir de lui.
GREMIO.
Epargnez vos paroles, Petruchio, je vous prie, et laissez-nous parler aussi, nous autres pauvres postulants. Ecartez-vous un peu! Vous voilà bien hardi.
PETRUCHIO.
Oh, pardon, Signor Gremio, c'est vrai, je suis pressé de conclure.
GREMIO.
Je n'en doute pas, monsieur; mais vous maudirez votre empressement. *(A Baptista.)* Voisin, on vient là de vous faire un présent fort apprécié, j'en suis sûr. Pour vous montrer la même obligeance, moi qui, plus qu'un autre, suis votre obligé, je vous fais don de ce jeune savant *(il montre Lucen-*

II, I. 80

80 hath been long studying at Rheims, as cunning in Greek,
Latin, and other languages, as the other in music and
mathematics. His name is Cambio; pray accept his service.
BAPTISTA.
A thousand thanks, Signior Gremio: welcome, good
Cambio... [*he turns to Tranio*] But, gentle sir, methinks you
walk like a stranger. May I be so bold to know the cause
of your coming?
TRANIO.
Pardon me, sir, the boldness is mine own,
That, being a stranger in this city here,
Do make myself a suitor to your daughter,
90 Unto Bianca, fair, and virtuous:
Nor is your firm resolve unknown to me,
In the preferment of the eldest sister.
This liberty is all that I request,
That, upon knowledge of my parentage,
I may have welcome 'mongst the rest that woo.
And free access and favour as the rest.
And toward the education of your daughters
I here bestow a simple instrument,
And this small packet of Greek and Latin books...
    [*Biondello comes forward with lute and books.*
100 If you accept them, then their worth is great.
BAPTISTA.
Lucentio is your name—of whence, I pray?
TRANIO.
Of Pisa, sir, son to Vincentio.
BAPTISTA.
A mighty man of Pisa—by report
I know him well: you are very welcome, sir...
Take you the lute, and you the set of books,
            [*to Hortensio and Lucentio.*
You shall go see your pupils presently...
Holla, within!

A servant enters.

        Sirrah, lead these gentlemen
To my daughters, and tell them both,
These are their tutors, bid them use them well.
            [*Hortensio and Lucentio depart.*
110 We will go walk a little in the orchard,
And then to dinner... You are passing welcome.
And so I pray you all to think yourselves.

tio), qui a longtemps étudié à Reims, et qui est aussi expert en grec, latin et autres langues que celui-ci peut l'être en musique et en mathématiques. Il se nomme Cambio : je vous prie d'agréer ses services.

BAPTISTA.

Mille mercis, Signor Gremio. Sois le bienvenu, bon Cambio... *(Il se tourne vers Tranio.)* Mais, vous-même, noble seigneur, il me semble que vous avez l'allure d'un étranger. Aurai-je la hardiesse de vous demander l'objet de votre venue?

TRANIO.

Excusez-moi, monsieur : c'est moi dont la hardiesse est grande, n'étant point citoyen de cette ville, de prétendre à la main de votre fille, la belle et vertueuse Bianca. Je n'ignore pas votre ferme résolution de marier d'abord sa sœur aînée. Le seul privilège que je brigue, lorsque vous saurez quelle est ma famille, c'est la faveur de prendre place parmi ses prétendants et de l'approcher, comme eux, librement. Quant à l'éducation de vos filles, j'offre, pour y concourir, ce simple instrument et ce petit paquet de livres grecs et latins.

Biondello s'avance, portant le luth et les livres.
Si vous les acceptez, leur valeur sera grande.

BAPTISTA.

Votre nom est Lucentio? De quelle province, je vous prie?

TRANIO.

De Pise, monsieur, et fils de Vincentio.

BAPTISTA.

Un puissant personnage de Pise, je le connais bien de réputation. Vous êtes le très bienvenu, monsieur.
A Hortensio et Lucentio.
Prenez le luth, et vous cette collection de livres. Vous allez voir vos élèves immédiatement... Holà, quelqu'un!
Entre un valet.
Toi, conduis ces messieurs chez mes filles, et dis-leur à toutes les deux qu'ils sont leurs professeurs : qu'elles leur fassent bon accueil.
Sortent Hortensio et Lucentio.
Allons faire quelques pas dans le verger, et puis nous passerons à table... Vous êtes les bienvenus, et plus que bienvenus, croyez-m'en, je vous prie.

THE TAMING OF THE SHREW

II, I. 113

PETRUCHIO.
Signior Baptista, my business asketh haste,
And every day I cannot come to woo.
You knew my father well, and in him me,
Left solely heir to all his lands and goods,
Which I have bettered rather than decreased,
Then tell me—if I get your daughter's love,
What dowry shall I have with her to wife?
BAPTISTA.
120 After my death, the one half of my lands,
And in possession twenty thousand crowns.
PETRUCHIO.
And, for that dowry, I'll assure her of
Her widowhood—be it that she survive me—
In all my lands and leases whatsoever.
Let specialties be therefore drawn between us,
That covenants may be kept on either hand.
BAPTISTA.
Ay, when the special thing is well obtained,
This is, her love; for that is all in all.
PETRUCHIO.
Why, that is nothing; for I tell you, father,
130 I am as peremptory as she proud-minded;
And where two raging fires meet together,
They do consume the thing that feeds their fury.
Though little fire grows great with little wind,
Yet extreme gusts will blow out fire and all:
So I to her, and so she yields to me.
For I am rough and woo not like a babe.
BAPTISTA.
Well mayst thou woo, and happy be thy speed!
But be thou armed for some unhappy words.
PETRUCHIO.
Ay, to the proof—as mountains are for winds,
140 That shake not, though they blow perpetually.

'Enters Hortensio with his head broke'.

BAPTISTA.
How now, my friend! why dost thou look so pale?
HORTENSIO.
For fear, I promise you, if I look pale.

LA MÉGÈRE APPRIVOISÉE

PETRUCHIO.
Signor Baptista, j'ai de pressantes affaires et ne puis quotidiennement venir faire ma cour. Vous avez bien connu mon père, donc vous me connaissez en lui; je suis l'unique héritier de ses terres et de ses biens, que j'ai améliorés plutôt qu'appauvris. Alors, dites-moi : si j'obtiens l'amour de votre fille, que m'apportera-t-elle en dot?

BAPTISTA.
Après ma mort, la moitié de mes terres et, en possession immédiate, vingt mille couronnes.

PETRUCHIO.
Et moi, en échange de cette dot, je lui assure comme douaire de veuve, si elle me survit, toutes mes terres et tous mes fermages. Faites donc rédiger les articles spéciaux de ce contrat, afin que les clauses en soient respectées de part et d'autre.

BAPTISTA.
Oui, quand la chose spéciale vous sera assurée : je veux parler de son amour; car tout en dépend.

PETRUCHIO.
Oh, cela n'est rien; car, je vous en avertis, mon père, je suis impérieux autant qu'elle arrogante. Or, là où se rencontrent deux incendies farouches, ils ne manquent pas de consumer l'objet qui nourrit leur fureur. Tandis que sous le moindre vent grandit la moindre flamme, l'ouragan déchaîné éteint de son souffle le plus énorme brasier. Je serai l'ouragan pour elle et elle me cédera : car grande est ma violence, et je ne fais pas ma cour comme un enfantelet.

BAPTISTA.
Puisses-tu lui faire bien la cour, et puisses-tu réussir! Mais cuirasse-toi contre les paroles désagréables.

PETRUCHIO.
A toute épreuve, comme le sont les montagnes que n'ébranlent jamais les rafales de la bise, souffleraient-elles éternellement.

'Entre Hortensio, la tête fendue'.

BAPTISTA.
Que se passe-t-il, mon ami? Pourquoi es-tu si pâle?

HORTENSIO.
C'est de peur, je vous le garantis, que je suis pâle.

II, 1. 143

BAPTISTA.
What, will my daughter prove a good musician?
HORTENSIO.
I think she'll sooner prove a soldier—
Iron may hold with her, but never lutes.
BAPTISTA.
Why, then thou canst not break her to the lute?
HORTENSIO.
Why no, for she hath broke the lute to me...
I did but tell her she mistook her frets,
And bowed her hand to teach her fingering,
150 When, with a most impatient devilish spirit,
'Frets, call you these?' quoth she, 'I'll fume with them':
And, with that word, she struck me on the head,
And through the instrument my pate made way,
And there I stood amazéd for a while,
As on a pillory, looking through the lute.
While she did call me rascal fiddler,
And twangling Jack, with twenty such vile terms,
As had she studied to misuse me so.
PETRUCHIO.
Now, by the world, it is a lusty wench.
160 I love her ten times more than e'er I did,
O, how I long to have some chat with her!
BAPTISTA.
Well, go with me, and be not so discomfited.
Proceed in practice with my younger daughter,
She's apt to learn and thankful for good turns...
Signior Petruchio, will you go with us,
Or shall I send my daughter Kate to you?
PETRUCHIO.
I pray you do. I will attend her here,
[*all depart save Petruchio.*
And woo her with some spirit when she comes.
Say that she rail, why then I'll tell her plain
170 She sings as sweetly as a nightingale:
Say that she frown, I'll say she looks as clear
As morning roses newly washed with dew:
Say she be mute and will not speak a word,
Then I'll commend her volubility,
And say she uttereth piercing eloquence:
If she do bid me pack, I'll give her thanks,
As though she bid me stay by her a week:
If she deny to wed, I'll crave the day

BAPTISTA.
Quoi, ma fille ne fera-t-elle pas une bonne musicienne ?
HORTENSIO.
Je pense qu'elle ferait plutôt un bon soldat : le fer résistera peut-être entre ses mains, mais pas les luths !
BAPTISTA.
Quoi, ne peux-tu lui faire entrer le luth dans la tête ?
HORTENSIO.
Ma foi non, c'est elle qui m'a fait entrer la tête dans le luth... Je lui disais simplement qu'elle se trompait de touches [28], et lui pliais la main pour lui enseigner le doigté, lorsque dans un accès d'impatience diabolique : « Vous appelez cela touche, s'écrie-t-elle, moi je dis : cogne ! » Et, sur ce mot, elle m'a donné sur la tête un si rude coup de l'instrument que mon crâne est passé au travers et que je suis resté un moment éberlué, le visage encadré par l'instrument, tel un homme au pilori, tandis qu'elle m'appelait coquin de violoneux, méchant racleur de crincrin, et me donnait vingt autres noms outrageants. On eût dit qu'elle s'appliquait à m'abreuver d'injures !...
PETRUCHIO.
Parbleu ! que voici donc une robuste luronne. Je l'en aime dix fois plus qu'avant. Oh, comme il me tarde de bavarder un peu avec elle !
BAPTISTA.
Allons, suis-moi et ne prends pas cet air déconfit. Poursuis tes leçons avec ma fille cadette, elle est douée pour l'étude et te saura gré de tes bons offices... Signor Petruchio, nous accompagnez-vous, ou vous enverrai-je ma fille Catarina ?
PETRUCHIO.
Envoyez-la, je vous en prie : je suis ici à ses ordres.
Ils sortent tous, sauf Petruchio.
Et dès qu'elle arrivera, je lui ferai ma cour gaillardement. Mettons qu'elle crie, eh bien, je lui dirai sans détour que son chant est aussi suave que celui du rossignol ; qu'elle fronce le sourcil, je protesterai que son visage est aussi limpide que la rose du matin lavée par la rosée ; qu'elle reste muette et s'obstine à ne souffler mot, je vanterai sa langue volubile et son éloquence pénétrante ; qu'elle me dise de faire mes paquets, je la remercierai comme si elle m'invitait à demeurer la semaine chez elle ; qu'elle refuse de m'épouser, je lui deman-

THE TAMING OF THE SHREW

II, I. 179

When I shall ask the banns, and when be married.
180 But here she comes, and now, Petruchio, speak.
Katharina enters.
Good morrow, Kate—for that's your name, I hear.
KATHARINA.
Well have you heard, but something hard of hearing;
They call me Katharine that do talk of me.
PETRUCHIO.
You lie, in faith, for you are called plain Kate,
And bonny Kate, and sometimes Kate the curst:
But Kate, the prettiest Kate in Christendom,
Kate of Kate Hall, my super-dainty Kate,
For dainties are all cates, and therefore, Kate,
Take this of me, Kate of my consolation—
190 Hearing thy mildness praised in every town,
Thy virtues spoke of, and thy beauty sounded,
Yet not so deeply as to thee belongs,
Myself am moved to woo thee for my wife.
KATHARINA.
Moved! in good time! let him that moved you hither,
Remove you hence: I knew you at the first
You were a moveable.
PETRUCHIO.
                Why, what's a moveable?
KATHARINA.
A joint-stool.
PETRUCHIO.
       Thou hast hit it: come, sit on me.
KATHARINA.
Asses are made to bear, and so are you.
PETRUCHIO.
Women are made to bear, and so are you.
KATHARINA.
200 No such a jade as you, if me you mean.
PETRUCHIO.
Alas, good Kate! I will not burden thee,
For knowing thee to be but young and light,—
KATHARINA.
Too light for such a swain as you to catch,
And yet as heavy as my weight should be.

derai avec flamme à quelle date je dois faire publier les bans, et à quand la noce. Mais la voici : tu as la parole, Petruchio.
Entre Catarina.
Bonjour, Cateau... car c'est là votre nom, ai-je entendu dire.
CATARINA.
Vous n'êtes donc pas sourd... mais vous avez l'oreille un peu dure. Ceux qui parlent de moi me nomment Catarina.
PETRUCHIO.
Vous mentez, ma parole! Car on vous nomme Cateau tout court, ou la jolie Cateau, ou bien parfois Cateau-la-harpie : mais Cateau, la plus ravissante Cateau de la chrétienté, Cateau du Château-Gâteau [29], Cateau ma super-friande, car tout gâteau est friandise, donc, Cateau, écoute un peu, Cateau de ma consolation, ce que j'ai à te dire : ayant entendu, dans toutes les villes que je traversais, louer ta douceur, célébrer tes vertus et proclamer ta beauté, bien moins cependant qu'elles ne le méritent, je me suis senti porté à te rechercher pour épouse.
CATARINA.
Porté! Voyez-vous cela... Eh bien, que celui qui vous porta vous remporte. J'ai vu tout de suite que vous étiez un meuble.
PETRUCHIO.
Fort bien. Et qu'est-ce qu'un meuble ?
CATARINA.
Un tabouret [30].
PETRUCHIO.
Touché juste. Viens donc t'asseoir sur moi, Cateau.
CATARINA.
Les ânes sont faits pour porter, donc vous aussi.
PETRUCHIO.
Les femmes sont faites pour porter, donc toi aussi.
CATARINA.
Jamais, quant à moi, une rosse de votre espèce.
PETRUCHIO.
Hélas, bonne Cateau! j'essaierai de n'être pas une lourde charge, car te sachant si jeune et si légère...
CATARINA.
Trop légère pour qu'un lourdaud comme vous m'attrape : mais je pèse ce que je dois.

II, 1. 205

PETRUCHIO.
Should be! should—buzz!
KATHARINA.
                    Well ta'en, and like a buzzard.
PETRUCHIO.
O, slow-winged turtle! shall a buzzard take thee?
KATHARINA.
Ay, for a turtle, as he takes a buzzard.
PETRUCHIO.
Come, come, you wasp, i'faith, you are too angry.
KATHARINA.
If I be waspish, best beware my sting.
PETRUCHIO.
210 My remedy is then, to pluck it out.
KATHARINA.
Ay, if the fool could find it where it lies.
PETRUCHIO.
Who knows not where a wasp doth wear his sting?
In his tail.
KATHARINA
    In his tongue.
PETRUCHIO.
                    Whose tongue?

KATHARINA.
Yours, il you talk of tales, and so farewell.

[*she turns to go.*

PETRUCHIO.
What, with my tongue in your tail? nay, come again.
[*he seizes her in his arms.*

Good Kate, I am a gentleman—
KATHARINA.
                    That I'll try.

['*she strikes him*'.

PETRUCHIO.
swear I'll cuff you, if you strike again.
KATHARINA.
So may you loose your arms?
If you strike me, you are no gentleman,
220 And if no gentleman, why then no arms.

PETRUCHIO.
Baise donc comme il se doit.
CATARINA.
Pas mal pour une buse, busard![31]
PETRUCHIO.
O tourterelle à l'aile lente, un busard te prendra-t-il ?
CATARINA.
Oui, pour une tourterelle, comme elle happe un bourdon.
PETRUCHIO.
Allons, allons, ma guêpe, en vérité, vous vous fâchez trop fort.
CATARINA.
Si je suis une guêpe, gare à mon aiguillon.
PETRUCHIO.
Le remède est aisé : il faut l'arracher!
CATARINA.
Oui, si le sot savait où il se trouve!
PETRUCHIO.
Qui donc ignore où la guêpe porte son aiguillon... à la queue[32] !
CATARINA.
A la langue!
PETRUCHIO.
La langue de qui ?
CATARINA.
De vous dont les histoires n'ont ni queue ni tête. Adieu.

Elle fait le geste de partir.

PETRUCHIO.
Voyons, Cateau, revenez.

Il la prend dans ses bras.

Chère Cateau... je suis gentilhomme...
CATARINA.
C'est ce que je vais voir.

'Elle lui donne un soufflet'.

PETRUCHIO.
Si vous recommencez, je vous souffletterai, je le jure.
CATARINA.
Et vous y perdrez vos armes[33]. Si vous me frappez, vous n'êtes pas gentilhomme, et si vous n'êtes pas gentilhomme, bien sûr, vous n'avez pas d'armes.

THE TAMING OF THE SHREW

II, I. 221

PETRUCHIO.
A herald, Kate? O, put me in thy books!
KATHARINA.
What is your crest? a coxcomb?
PETRUCHIO.
A combless cock, so Kate will be my hen.
KATHARINA.
No cock of mine, you crow too like a craven.
PETRUCHIO.
Nay, come, Kate, come; you must not look so sour.
KATHARINA.
It is my fashion, when I see a crab.
PETRUCHIO.
Why, here's no crab, and therefore look not sour.
KATHARINA.
There is, there is.
PETRUCHIO.
Then show it me.
KATHARINA.
                    Had I a glass, I would.
PETRUCHIO.
230 What, you mean my face?
KATHARINA.
                    Well aimed of such a young one.

[*she struggles.*

PETRUCHIO.
Now, by S. George, I am too young for you.
KATHARINA.
Yet you are withered.

[*touches his forehead.*

PETRUCHIO [*kisses her hand*].
                    'Tis with cares.
KATHARINA [*she slips from him*].
                    I care not!
PETRUCHIO.
Nay, hear you, Kate... In sooth, you scape not so.

[*he catches her once more.*

94

LA MÉGÈRE APPRIVOISÉE

PETRUCHIO.
Héraut d'armes, Cateau ? Oh, couche-moi dans tes registres !
CATARINA.
Quel est votre cimier ? une crête de coq ?
PETRUCHIO.
Un coq sans crête, pour peu que Cateau devienne ma poule.
CATARINA.
Je ne veux pas de vous pour coq : votre cri est celui d'un chapon.
PETRUCHIO.
Allons, Cateau, allons, pas tant de fiel.
CATARINA.
Il m'en vient toujours quand je vois une pomme aigre [34].
PETRUCHIO.
Mais il n'y a pas ici de pomme sauvage, alors pas d'aigreur.
CATARINA.
Si, si, il y en a une.
PETRUCHIO.
Alors, montrez-la-moi.
CATARINA.
Vous la verriez si j'avais un miroir.
PETRUCHIO.
Quoi, voudriez-vous parler de ma figure ?
CATARINA.
Bien deviné pour un si jeune homme !

Elle se débat.

PETRUCHIO.
Par saint-Georges, je le vois, je suis trop jeune pour vous.
CATARINA.
Et pourtant comme vous êtes ridé !
PETRUCHIO.
Ce sont les soucis !
CATARINA *se débat.*
Je ne m'en soucie guère !
PETRUCHIO.
Voyons, entendez-moi, Cateau... en vérité, vous ne m'échapperez pas.

Il la rattrape.

II, I. 234

KATHARINA.
I chafe you, if I tarry... Let me go!

   [*she struggles again, biting and scratching as he speaks.*

PETRUCHIO.
No, not a whit—I find you passing gentle:
'Twas told me you were rough and coy and sullen,
And now I find report a very liar;
For thou art pleasant, gamesome, passing courteous,
But slow in speech...yet sweet as spring-time flowers.
240 Thou canst not frown, thou canst not look askance,
Nor bite the lip, as angry wenches will,
Nor hast thou pleasure to be cross in talk;
But thou with mildness entertain'st thy wooers,
With gentle conference, soft and affable...
                                        [*he releases her.*
Why does the world report that Kate doth limp?
O sland'rous world! Kate like the hazel-twig
Is straight and slender, and as brown in hue
As hazel-nuts and sweeter than the kernels...
O, let me see thee walk: thou dost not halt.
KATHARINA.
250 Go, fool, and whom thou keep'st command.
PETRUCHIO.
Did ever Dian so become a grove
As Kate this chamber with her princely gait?
O, be thou Dian, and let her be Kate,
And then let Kate be chaste and Dian sportful!
KATHARINA.
Where did you study all this goodly speech?
PETRUCHIO.
It is extempore, from my mother-wit.
KATHARINA.
A witty mother! witless else her son.
PETRUCHIO.
Am I not wise?
KATHARINA.
                Yes, keep you warm.

LA MÉGÈRE APPRIVOISÉE

CATARINA.
Si vous me retenez, je vous arrache les yeux... Laissez-moi partir!

Elle se débat de nouveau, le mord et le griffe pendant qu'il parle.

PETRUCHIO.
Non, non, vous ne partirez pas. Je vous trouve on ne peut plus gentille : on m'avait dit que vous étiez rude, farouche et maussade; je vois que la renommée est une fieffée menteuse; car tu es charmante, Cateau, enjouée, et merveilleusement courtoise; certes, ta parole est lente, mais aussi suave que les fleurs du printemps. Tu es incapable de froncer le sourcil, de regarder de travers, ou de te mordre la lèvre comme les filles coléreuses; tu ne prends pas plaisir à rabrouer tes soupirants, tu leur fais, au contraire, un accueil gracieux, tu leur tiens des propos courtois, charmants et affables.
Il la lâche.
Pourquoi le monde prétend-il que Cateau est boiteuse? O monde calomniateur! Cateau, telle une tige de coudrier, est droite et svelte, elle est brune comme les avelines et plus exquise que leur amande. Là, que je te voie marcher : mais non, tu ne boites pas.

CATARINA.
Va donner des ordres à tes gens, imbécile, non à moi.

PETRUCHIO.
Vit-on jamais Diane parer un bocage autant que Cateau embellit cette chambre de sa présence altière? Ah, deviens Diane et qu'elle devienne Cateau : et que Cateau soit chaste et Diane folâtre.

CATARINA.
Où avez-vous pris tous ces beaux discours?

PETRUCHIO.
Ils sont impromptus : nés de ma cervelle.

CATARINA.
Cette mère a bien de l'esprit! Sans elle, quel fils écervelé!

PETRUCHIO.
N'ai-je point d'à-propos?

CATARINA.
Juste assez pour vous tenir chaud.

II, 1. 259

PETRUCHIO.
Marry, so I mean, sweet Katharine, in thy bed:
And therefore, setting all this chat aside,
Thus in plain terms: your father hath consented
That you shall be my wife; your dowry 'greed on;
And, will you, nill you, I will marry you....
Now, Kate, I am a husband for your turn,
For by this light whereby I see thy beauty,
Thy beauty that doth make me like thee well,
Thou must be married to no man but me.
For I am he am born to tame you, Kate,
And bring you from a wild Kate to a Kate
Conformable as other household Kates...

Baptista, Gremio, and Tranio re-enter the room.

Here comes your father—never make denial—
I must and will have Katharine to my wife.
BAPTISTA.
Now, Signior Petruchio, how speed you with my daughter?
PETRUCHIO.
How but well, sir? how but well?
It were impossible I should speed amiss.
BAPTISTA.
Why, how now, daughter Katharine! in your dumps?
KATHARINA.
Call you me daughter? now, I promise you
You have showed a tender fatherly regard,
To wish me wed to one half lunatic,
A mad-cap ruffian and a swearing Jack,
That thinks with oaths to face the matter out.
PETRUCHIO.
Father, 'tis thus—yourself and all the world,
That talked of her, have talked amiss of her:
If she be curst, it is for policy:
For she's not froward, but modest as the dove,
She is not hot, but temperate as the morn,
For patience she will prove a second Grissel,
And Roman Lucrece for her chastity:
And to conclude, we have 'greed so well together,
That upon Sunday is the wedding-day.
KATHARINA.
I'll see thee hanged on Sunday first.
GREMIO.
Hark, Petruchio, she says she'll see thee hanged first.

LA MÉGÈRE APPRIVOISÉE

PETRUCHIO.
Eh morbleu, c'est dans ton lit, adorable Cateau, que je veux me réchauffer! Donc, trêve à tout ce bavardage et parlons net : votre père a consenti que vous soyez ma femme; nous sommes convenus de votre dot et, que vous le vouliez ou non, je vous épouse. Or, Catarina, je suis le mari qu'il te faut, et par cette lumière qui brille sur ta beauté, cette beauté qui me fait tant t'aimer, tu n'épouseras nul autre que moi. Car je suis né pour t'apprivoiser, Cateau, et pour te transformer, ô ma chatte sauvage [35], en une Cateau docile comme le sont les autres Cateau domestiques...
Entrent Baptista, Gremio et Tranio.
Voici votre père : n'allez pas me démentir. Je veux Catarina pour femme et je l'aurai.

BAPTISTA.
Eh bien, Signor Petruchio, quel succès auprès de ma fille?

PETRUCHIO.
Total, monsieur, en doutiez-vous? Il était impossible que je ne fusse pas vainqueur.

BAPTISTA.
Eh bien, eh bien, Catarina ma fille, vous broyez du noir?

CATARINA.
Ma fille, dites-vous? Ah vraiment, vous me donnez une belle preuve de votre tendresse paternelle en me voulant marier à un demi-fou, à une brute forcenée, qui jure comme un démon et croit pouvoir arriver à ses fins à force de blasphèmes.

PETRUCHIO.
Père, voici ce qu'il en est : vous et tous ceux qui parlez d'elle, vous vous êtes trompés à son propos. Si elle est revêche, c'est par politique : car loin d'être opiniâtre, elle est douce comme la colombe; loin de jeter feu et flamme, elle est fraîche comme le matin. En fait de patience, elle sera une seconde Grisélidis [36], et pour la chasteté une Lucrèce romaine. Pour conclure, nous nous sommes si bien accordés que le mariage est fixé à dimanche.

CATARINA.
J'aimerais mieux te voir pendre dimanche!

GREMIO.
Entends, Petruchio, elle dit qu'elle préfère te voir pendre.

II, 1. 293

TRANIO.
Is this your speeding? nay, then, good night our part!
PETRUCHIO.
Be patient, gentlemen, I choose her for myself—
If she and I be pleased, what's that to you?
'Tis bargained 'twixt us twain, being alone,
That she shall still be curst in company.
I tell you, 'tis incredible to believe
How much she loves me. O, the kindest Kate!
300 She hung about my neck, and kiss on kiss
She vied so fast, protesting oath on oath,
That in a twink she won me to her love.
O, you are novices! 'tis a world to see,
How tame, when men and women are alone,
A meacock wretch can make the curstest shrew...
  [*he snatches her hand.*
Give me thy hand, Kate, I will unto Venice,
To buy apparel 'gainst the wedding-day...
Provide the feast, father, and bid the guests,
I will be sure my Katharine shall be fine.
BAPTISTA.
310 I know not what to say—but give me your hands.
God send you joy, Petruchio! 'tis a match.
GREMIO, TRANIO.
Amen, say we. We will be witnesses.
PETRUCHIO.
Father, and wife, and gentlemen, adieu,
I will to Venice—Sunday comes apace—
We will have rings, and things, and fine array,
And kiss me, Kate, we will be married o' Sunday.

[*he seizes her in his arms and kisses her; she breaks from him
          and flies the room; he departs by another door.*

GREMIO.
Was ever match clapped up so suddenly?
BAPTISTA.
Faith, gentlemen, now I play a merchant's part,
And venture madly on a desperate mart.
TRANIO.
320 'Twas a commodity lay fretting by you,
'Twill bring you gain, or perish on the seas
BAPTISTA.
The gain I seek is, quiet in the match.

LA MÉGÈRE APPRIVOISÉE

TRANIO.
Est-ce ainsi que tu triomphes ? Adieu donc, nos espoirs !
PETRUCHIO.
Patience, messires, je la choisis pour moi. Si nous sommes satisfaits elle et moi, qu'avez-vous à redire ? Il a été convenu entre nous deux, quand nous étions seuls, qu'elle continuerait à se montrer acariâtre en société. Je vous le dis : c'est incroyable à quel point elle m'aime. O, la plus tendre des Cateau ! Elle s'accrochait à mon cou, et me rendait si vite baiser pour baiser, serment pour serment, qu'en un clin d'œil, elle m'a fait partager son amour. O pauvres novices que vous êtes, c'est merveille de voir comme, dans le tête-à-tête, un timide freluquet peut apprivoiser la plus intraitable mégère... Donne-moi ta main, Cateau, je cours à Venise acheter les habits de la noce ; préparez le festin, père, et priez les convives. Je veux être sûr que ma Catarina sera belle.
BAPTISTA.
Je ne sais que dire, mais donnez-moi vos mains. Dieu vous accorde joie, Petruchio ! L'affaire est conclue.
GREMIO et TRANIO.
Amen. Nous serons vos témoins.
PETRUCHIO.
Père, épouse, amis, adieu. Je pars pour Venise. Dimanche sera vite arrivé. Nous aurons des bagues, de beaux habits, toutes sortes de choses. Un baiser, Cateau, nous serons mariés dimanche !

Il la saisit dans ses bras et l'embrasse ; elle s'arrache à lui, s'enfuit hors de la chambre, tandis que Petruchio sort par une autre porte.

GREMIO.
Vit-on jamais mariage se bâcler aussi vite ?
BAPTISTA.
Ma foi, messieurs, je joue en ce moment le rôle d'un marchand qui s'aventure follement dans une entreprise sans espoir.
TRANIO.
Vous aviez là une denrée qui tournait à l'aigre [37]. A présent, vous en tirerez bénéfice, si elle ne périt en mer.
BAPTISTA.
Le seul bénéfice que je cherche est la tranquillité.

II, I. 323

GREMIO.
No doubt but he hath got a quiet catch...
But now, Baptista, to your younger daughter—
Now is the day we long have lookèd for.
I am your neighbour, and was suitor first.
TRANIO.
And I am one, that love Bianca more
Than words can witness, or your thoughts can guess.
GREMIO.
Youngling! thou canst not love so dear as I.
TRANIO.
330 Greybeard! thy love doth freeze.
GREMIO.
                          But thine doth fry.
Skipper, stand back—'tis age that nourisheth.
TRANIO.
But youth in ladies' eyes that flourisheth.
BAPTISTA.
Content you, gentlemen, I will compound this strife.
'Tis deeds must win the prize, and he, of both,
That can assure my daughter greatest dower,
Shall have Bianca's love...
Say, Signior Gremio, what can you assure her?
GREMIO.
First, as you know, my house within the city
Is richly furnishèd with plate and gold,
340 Basins and ewers to lave her dainty hands;
My hangings all of Tyrian tapestry;
In ivory coffers I have stuffed my crowns;
In cypress chests my arras counterpoints,
Costly apparel, tents, and canopies,
Fine linen, Turkey cushions bossed with pearl,
Valance of Venice gold in needlework,
Pewter and brass, and all things that belong
To house or housekeeping: then, at my farm
I have a hundred milch-kine to the pail,
350 Sixscore fat oxen standing in my stalls,
And all things answerable to this portion...
Myself am struck in years, I must confess,
And if I die to-morrow this is hers,
If whilst I live she will be only mine.
TRANIO.
That 'only' came well in... Sir, list to me,

GRÉMIO.
Il est certain que, tranquillement, il a fait une bonne affaire. Mais parlons maintenant, Baptista, de votre cadette. Voici venu le jour que nous avons tant attendu. Je suis votre voisin et j'ai été le premier à me mettre sur les rangs.
TRANIO.
Et moi, je suis celui qui aime Bianca plus que les mots ne peuvent l'exprimer, plus que vos pensées ne peuvent le concevoir.
GRÉMIO.
Blanc-bec, tu ne saurais aimer aussi tendrement que moi.
TRANIO.
Barbon, ton amour glace.
GRÉMIO.
Mais le tien grille. Arrière, jeune étourdi. C'est le fruit mûr qui nourrit.
TRANIO.
Baste! aux yeux d'une belle, c'est la jeunesse qui fleurit.
BAPTISTA.
Du calme, messieurs. Je vais régler ce différend. Le prix sera remporté non par des paroles, mais par des actes, et celui de vous deux qui assurera à ma fille la dot la plus forte aura l'amour de Bianca. Parlez, Signor Grémio, que pouvez-vous lui garantir?
GRÉMIO.
D'abord, comme vous le savez, ma maison de ville est richement pourvue de vaisselle d'argent et d'or, d'aiguières et de bassins où elle pourra laver ses mains fines; mes tentures sont toutes en tapisserie de Tyr; j'ai bourré d'écus des caissettes d'ivoire; courtepointes de haute lice, vêtements somptueux, ciels et baldaquins, linge fin, coussins d'Orient brodés de perles, courtines de Venise travaillées au fil d'or; étains et cuivres, tout ce qui concerne la maison ou le ménage repose dans des coffres en bois de cyprès. En outre, j'ai dans mes fermes cent vaches à lait, cent vingt bœufs gras installés à l'étable et tout le reste à l'avenant... Je suis chargé d'années, je dois en convenir, et si je meurs demain tout cela est à elle, pourvu, tant que je vis, qu'elle ne soit qu'à moi seul.
TRANIO.
Cet « à moi seul » a été bien amené. Monsieur, écoutez-moi.

THE TAMING OF THE SHREW

II, I. 356

I am my father's heir and only son.
If I may have your daughter to my wife,
I'll leave her houses three or four as good,
Within rich Pisa walls, as any one
360 Old Signior Gremio has in Padua,
Besides two thousand ducats by the year
Of fruitful land, all which shall be her jointure...
What, have I pinched you, Signior Gremio?
  GREMIO.
Two thousand ducats by the year, of land!
My land amounts not to so much in all...
[*aloud*] That she shall have—besides an argosy
That now is lying in Marseilles' road...
What, have I choked you with an argosy?
  TRANIO.
Gremio, 'tis known my father hath no less
370 Than three great argosies, besides two galliasses,
And twelve tight galleys. These I will assure her,
And twice as much, whate'er thou offer'st next.
  GREMIO.
Nay, I have offered all, I have no more,
And she can have no more than all I have.
If you like me, she shall have me and mine.
  TRANIO.
Why, then the maid is mine from all the world,
By your firm promise—Gremio is out-vied.
  BAPTISTA.
I must confess your offer is the best,
And, let your father make her the assurance,
380 She is your own—else, you must pardon me,
If you should die before him, where's her dower?
  TRANIO.
That's but a cavil; he is old, I young.
  GREMIO.
And may not young men die, as well as old?
  BAPTISTA.
Well, gentlemen,
I am thus resolved—On Sunday next you know
My daughter Katharine is to be married:
Now, on the Sunday following, shall Bianca
Be bride to you, if you make this assurance;

104

LA MÉGÈRE APPRIVOISÉE

Je suis, moi, fils unique et unique héritier de mon père. Si je puis obtenir pour femme votre fille, je lui lègue trois ou quatre maisons, situées dans les murs de l'opulente Pise, et plus belles que la seule que possède à Padoue le vieux signor Gremio; sans compter un revenu annuel de deux mille ducats venant de bonnes terres qui représenteront son douaire. Eh bien, signor Gremio, vous ai-je coincé?

(GREMIO.
Deux mille ducats l'an, de ses terres! L'ensemble des miennes ne vaut pas cette somme. *(Haut.)* Elle aura tout cela, outre une caraque qui est pour le moment en rade de Marseille. Hein, vous ai-je coupé le souffle avec ma caraque [38]?

TRANIO.
Gremio, tout le monde sait que mon père ne possède pas moins de trois caraques, plus deux galéasses et douze vaillantes galères : je les assure à ma femme, et quoi que vous offriez maintenant, je le double.

GREMIO.
J'ai tout offert, il ne me reste rien : je ne puis lui donner plus que je ne possède. Si je vous conviens, elle m'aura avec tout ce qui est mien.

TRANIO.
Comment ! Mais si vous tenez votre ferme promesse, la jeune fille m'appartient, à moi seul, et Gremio est évincé.

BAPTISTA.
Je dois en convenir, votre offre est la meilleure, et si votre père lui en donne sa garantie, ma fille est à vous; autrement, vous voudrez bien m'excuser, car si vous mouriez avant lui, où serait le douaire de ma fille ?

TRANIO.
Oiseuse objection : il est vieux, je suis jeune.

GREMIO.
Les jeunes gens ne peuvent-ils mourir, comme les vieux ?

BAPTISTA.
Eh bien, voici, messieurs, ce que j'ai résolu : vous savez que ma fille Catarina doit se marier dimanche prochain; or, si vous me donnez la garantie de votre père, Bianca sera votre femme le dimanche suivant; sinon, elle devient celle du

II, I. 389

If not, to Signior Gremio:
390 And so I take my leave, and thank you both.

[*he bows and departs.*

GREMIO.
Adieu, good neighbour... Now I fear thee not;
Sirrah, young gamester, your father were a fool
To give thee all, and in his waning age
Set foot under thy table: tut, a toy!
An old Italian fox is not so kind, my boy.

[*he goes.*

TRANIO.
A vengeance on your crafty withered hide!
Yet I have faced it with a card of ten....
'Tis in my head to do my master good:
I see no reason but supposed Lucentio
400 Must get a father, called—supposed Vincentio.
And that's a wonder: fathers commonly
Do get their children; but, in this case of wooing,
A child shall get a sire, if I fail not of my cunning.

[*he goes.*

[III, 1.]   Bianca's room in the house of Baptista

BIANCA *and* HORTENSIO, *disguised as Licio, are
seated with a lute;* LUCENTIO, *disguised as Cambio,
standing a little apart, waiting his turn.* HORTENSIO
takes BIANCA'S *hand in his to teach her fingering.*

LUCENTIO [*interrupts*].
Fiddler, forbear, you grow too forward, sir!
Have you so soon forgot the entertainment
Her sister Katharine welcomed you withal?
HORTENSIO.
But, wrangling pedant, this is
The patroness of heavenly harmony:
Then give me leave to have prerogative,
And when in music we have spent an hour,
Your lecture shall have leisure for as much.

106

signor Gremio. Là-dessus, permettez que je vous quitte, en vous remerciant l'un et l'autre.

Il sort.

GREMIO.
Adieu, bon voisin. Maintenant je ne crains plus rien; parbleu, jeune aventurier, ton père serait bien sot de te donner tout ce qu'il possède pour en être réduit sur ses vieux jours à venir te demander sa pitance; baste! quel enfantillage! Un vieux renard italien n'a pas de ces faiblesses, mon garçon.

Il sort.

TRANIO.
Peste soit de ton cuir flétri, vieux futé! Pourtant, je lui ai riposté par mon plus gros atout [39]. Je me suis mis en tête de faire le bonheur de mon maître. Je ne vois pas pourquoi le faux Lucentio ne se procurerait pas un faux père appelé... disons Vincentio. Voici qui tiendrait du prodige! Ce sont d'habitude les pères qui font des enfants, mais dans cette histoire de demande en mariage, c'est — si ne me trahit mon astuce — un fils qui va engendrer son père.

Il sort.

[III, I.] La chambre de Bianca

BIANCA *assise à côté de* HORTENSIO *(en Licio) qui tient un luth;* LUCENTIO *(en Cambio) debout, un peu à l'écart. Hortensio prend la main de Bianca pour lui enseigner le doigté.*

LUCENTIO, *intervenant.*
Holà! violoneux, vous prenez bien des libertés! Avez-vous si vite oublié la charmante réception que vous fit sa sœur Catarina?

HORTENSIO.
Mais, pédant braillard, la dame que voici préside aux accents de l'harmonie céleste; permettez-moi d'user de ma prérogative, et quand nous aurons consacré une heure à la musique, vous en passerez autant à faire vos discours.

III, I. 9

LUCENTIO.
Preposterous ass, that never read so far
10 To know the cause why music was ordained!
Was it not to refresh the mind of man
After his studies or his usual pain?
Then give me leave to read philosophy,
And while I pause, serve in your harmony.
    HORTENSIO [*rises*].
Sirrah, I will not bear these braves of thine.
    BIANCA [*comes between them*].
Why, gentlemen, you do me double wrong,
To strive for that which resteth in my choice:
I am no breeching scholar in the schools,
I'll not be tied to hours nor 'pointed times,
20 But learn my lessons as I please myself.
And, to cut off all strife, here sit we down:
Take you your instrument, play you the whiles—
His lecture will be done ere you have tuned.
    HORTENSIO.
You'll leave his lecture when I am in tune?
    LUCENTIO.
That will be never! [*Hortensio threatens*] Tune your
                                                                instrument.

[*Hortensio angrily withdraws; Bianca and Lucentio sit.*

    BIANCA.
Where left we last?
    LUCENTIO.
Here, madam:
    'Hic ibat Simois, hic est Sigeia tellus,
        Hic steterat Priami regia celsa senis.'
    BIANCA.
30 Conster them.
    LUCENTIO.
'Hic ibat,' as I told you before—'Simois,' I am Lucentio
—'hic est,' son unto Vincentio of Pisa—'Sigeia tellus,'
disguised thus to get your love—'Hic steterat,' and that
Lucentio that comes a-wooing—'Priami,' is my man
Tranio—'regia,' bearing my port—'celsa senis,' that we
might beguile the old Pantaloon.

108

LA MÉGÈRE APPRIVOISÉE

LUCENTIO.
Crétin ignare, qui n'as pas assez étudié pour savoir dans quel but fut créée la musique ! N'est-ce pas pour rafraîchir l'esprit de l'homme après ses études ou ses labeurs ordinaires ? Laissez-moi donc le loisir d'enseigner la philosophie, et profitez des pauses que je ferai pour nous régaler de vos harmonies.

HORTENSIO *se lève.*
Drôle, je n'endurerai pas tes bravades.

BIANCA *s'interpose.*
Eh quoi, messieurs, vous me faites deux fois injure en vous disputant ce qui demeure mon choix : je ne suis pas un marmot d'écolier qu'on menace du fouet ; je refuse qu'on m'impose pour mes leçons telle heure du jour ou telle durée de temps, et je veux les prendre comme il me plaît. Donc, pour mettre fin à toute querelle, asseyons-nous ici. Prenez votre instrument et jouez, tandis qu'il enseigne. Sa leçon sera terminée avant que vous ayez accordé votre luth.

HORTENSIO.
Quitterez-vous sa leçon quand je serai bien accordé ?

LUCENTIO.
Autant dire jamais ! Accordez votre instrument.

Hortensio se retire ; Bianca et Lucentio prennent place.

BIANCA.
Où en étions-nous ?

LUCENTIO.
Ici, Madame :
Hic ibat Simois ; hic est Sigeia tellus ;
Hic steterat Priami regia celsa senis.

BIANCA.
Le mot à mot ?

LUCENTIO.
Hic ibat, comme je vous l'ai dit ; *Simois*, je suis Lucentio ; *hic est*, le fils de Vincentio de Pise ; *Sigeia tellus*, déguisé ainsi pour me faire aimer de vous ; *hic steterat*, et ce Lucentio qui s'est présenté comme prétendant ; *Priami*, est mon valet Tranio ; *regia* qui a pris ma place ; *celsa senis*, afin de duper le vieux Pantalon.

THE TAMING OF THE SHREW

III, I. 37

HORTENSIO [*returns*].
Madam, my instrument's in tune.
　BIANCA.
Let's hear— [*he plays*] O fie! the treble jars.
　LUCENTIO.
Spit in the hole, man, and tune again.

[*Hortensio once more withdraws.*

　BIANCA.
40 Now let me see if I can conster it... 'Hic ibat Simois,'
I know you not—'hic est Sigeia tellus,' I trust you not—
'Hic steterat Priami,' take heed he hear us not—'regia',
presume not—'celsa senis,' despair not.
　HORTENSIO [*returns again*].
Madam, 'tis now in tune.
　LUCENTIO.
　　　　　　　　All but the base.
　HORTENSIO.
The base is right, 'tis the base knave, that jars...
[*aside*] How fiery and forward our pedant is!
Now, for my life, the knave doth court my love.
Pedascule, I'll watch you better yet.

[*he steals behind them.*

　BIANCA.
In time I may believe, yet I mistrust.
　LUCENTIO.
50 Mistrust it not— [*perceives Hortensio*] for, sure, Æacides
Was Ajax, called so from his grandfather.
　BIANCA [*rises*].
I must believe my master, else, I promise you,
I should be arguing still upon that doubt—
But let it rest.　Now, Licio, to you...

[*she leads him aside.*

Good master, take it not unkindly, pray,
That I have been thus pleasant with you both.
　HORTENSIO [*over his shoulder*].
You may go walk, and give me leave awhile—
My lessons make no music in three parts.
　LUCENTIO.
Are you so formal, sir? well, I must wait—

110

HORTENSIO, *revenant*.
Madame, mon instrument est accordé.
BIANCA.
Faites entendre... (*Il joue.*) Oh, fi, l'aigu est faux!
LUCENTIO.
Crache dans le trou, l'ami, et remets-toi à l'accorder.

Hortensio se retire de nouveau.

BIANCA.
A mon tour, voyons si je puis traduire : *Hic ibat Simois*, je ne vous connais pas ; *hic est Sigeia tellus*, je ne puis vous faire confiance ; *hic steterat Priami*, prenez garde qu'il ne nous entende ; *regia*, ne présumez pas trop ; *celsa senis*, ne désespérez pas.
HORTENSIO, *revenant*.
Madame, c'est parfait maintenant.
LUCENTIO.
Même la basse?
HORTENSIO.
La basse est juste, c'est toi, bas coquin, qui détonne... (*A part.*) Comme notre pédagogue devient ardent et audacieux! Sur ma vie, ce coquin fait la cour à ma belle. Je vais te surveiller mieux, pédascule [40] !
BIANCA.
Je vous croirai peut-être un jour ; jusque-là, je doute.
LUCENTIO.
Ne doutez pas... (*il aperçoit Hortensio*) car il est certain qu'*Aeacides* désigne Ajax, ainsi nommé en mémoire de son grand-père.
BIANCA, *se levant*.
Il faut bien que j'en croie mon maître ; sans quoi, je vous l'assure, je continuerais de discuter ce point douteux. Mais laissons cela. A vous maintenant, Licio. Bon maître, si j'ai badiné avec vous deux, ne le prenez pas, je vous en prie, en mauvaise part.
HORTENSIO.
Allez vous promener, et laissez-moi libre un moment... mes leçons ne sont pas un chœur à trois voix.
LUCENTIO.
Etes-vous, monsieur, si formaliste? Bon, bon, je me retire...

III, 1. 60

60 [*aside*] And watch withal, for, but I be deceived,
Our fine musician groweth amorous.

[*he withdraws a little; Hortensio and Bianca sit.*

HORTENSIO.
Madam, before you touch the instrument,
To learn the order of my fingering,
I must begin with rudiments of art,
To teach you gamut in a briefer sort,
More pleasant, pithy, and effectual,
Than hath been taught by any of my trade:
And there it is in writing, fairly drawn.
BIANCA.
Why, I am past my gamut long ago.
HORTENSIO.
70 Yet read the gamut of Hortensio.
BIANCA [*reads*].
"Gamut' I am, the ground of all accord;
'A re,' to plead Hortensio's passion;
'B mi,' Bianca, take him for thy lord,
'C fa ut,' that loves with all affection:
'D sol re,' one clef, two notes have I,
'E la mi,' show pity, or I die.'
Call you this gamut? tut! I like it not.
Old fashions please me best—I am not so nice
To change true rules for odd inventions.

A servant enters.

SERVANT.
80 Mistress, your father prays you leave your books,
And help to dress your sister's chamber up.
You know to-morrow is the wedding-day.
BIANCA.
Farewell sweet masters both, I must be gone.

[*she departs.*

LUCENTIO.
Faith, mistress, then I have no cause to stay.

[*he goes.*

112

(à part) mais sans cesser de surveiller, car, si je ne m'abuse, notre beau musicien devient entreprenant.

Il s'écarte un peu ; Bianca et Hortensio s'assoient.

HORTENSIO.
Madame, avant que vous touchiez l'instrument pour acquérir la pratique de mon doigté, je veux débuter par les rudiments de l'art et vous révéler une méthode rapide, plaisante et infaillible pour connaître la gamme, méthode plus efficace que celle d'aucun de mes confrères. La voici, par écrit, clairement exposée.

BIANCA.
Mais j'ai dépassé la gamme depuis longtemps!

HORTENSIO.
Lisez toujours la gamme d'Hortensio.

BIANCA, *lisant.*
  « Je suis « la gamme », base de tout accord;
  « A ré » avocats de la passion d'Hortensio;
  « B mi » Bianca, prends-le pour époux,
  « C fa, ut », il t'aime de toute sa tendresse.
  « D sol, ré » j'ai deux notes pour une seule clef,
  « E la, mi », sois compatissante ou je meurs.
Appelez-vous cela une gamme? Bah! elle ne me plaît guère. Je préfère les vieilles méthodes. Je n'ai pas le goût si blasé que je veuille échanger les règles établies contre d'étranges inventions.

Entre un valet.

LE VALET.
Maîtresse, votre père vous prie de laisser là vos livres et de venir aider à décorer la chambre de votre sœur : vous savez que c'est demain le mariage.

BIANCA.
Mes chers maîtres, je vous dis à tous les deux adieu, il me faut vous quitter.

Sort Bianca.

LUCENTIO.
Alors, maîtresse, je n'ai nulle raison de rester.

Sort Lucentio.

THE TAMING OF THE SHREW

III, 1. 85

HORTENSIO.
But I have cause to pry into this pedant,
Methinks he looks as though he were in love:
Yet if thy thoughts, Bianca, be so humble,
To cast thy wandring eyes on every stale,
Seize thee that list—if once I find thee ranging,
90 Hortensio will be quit with thee by changing.

[*he goes.*

[III, 2.]   The public square

BAPTISTA, GREMIO, TRANIO (*as Lucentio*),
LUCENTIO (*as Cambio*), KATHARINA (*in bridal
array*), BIANCA, *attendants and a concourse of people.*

BAPTISTA [*to Tranio*].
Signior Lucentio, this is the 'pointed day,
That Katharine and Petruchio should be married,
And yet we hear not of our son-in-law:
What will be said? what mockery will it be,
To want the bridegroom when the priest attends
To speak the ceremonial rites of marriage?
What says Lucentio to this shame of ours?
KATHARINA.
No shame but mine. I must forsooth be forced
To give my hand opposed against my heart
10 Unto a mad-brain rudesby, full of spleen,
Who wooed in haste, and means to wed at leisure...
I told you, I, he was a frantic fool,
Hiding his bitter jests in blunt behaviour:
And to be noted for a merry man,
He'll woo a thousand, 'point the day of marriage,
† Make feast, invite friends, and proclaim the banns,
Yet never means to wed where he hath wooed...
Now must the world point at poor Katharine,
And say, 'Lo, there is mad Petruchio's wife,
20 If it would please him come and marry her.'
TRANIO.
Patience, good Katharine, and Baptista too.
Upon my life, Petruchio means but well,

114

HORTENSIO.
Mais moi, j'ai mille raisons de surveiller ce pédagogue. Il m'a bien l'air d'être amoureux... Ah, si tes goûts, Bianca, sont si médiocres que tes yeux s'égarent sur le premier croquant venu, te prenne qui voudra. Ne serais-tu qu'une fois inconstante, Hortensio changera vite d'amour pour n'être pas en reste avec toi.

Il sort.

[III, 2.] La place publique

BAPTISTA, GREMIO, TRANIO *(en Lucentio)*, LUCENTIO *(en Cambio)*, CATARINA *(portant sa robe de mariée)*, BIANCA, *escorte et nombreuse assistance.*

BAPTISTA, *à Tranio.*
Signor Lucentio, voici venu le jour fixé pour le mariage de Catarina et de Petruchio, et pourtant nous sommes sans nouvelles de notre gendre. Que vont dire les gens ? Quel sujet de raillerie qu'un fiancé absent, quand le prêtre se prépare à accomplir les rites solennels du mariage ! Que dites-vous, Lucentio, de cette humiliation qu'on nous impose ?
CATARINA.
Moi seule suis humiliée. Parbleu, il a fallu que l'on me contraigne, au mépris de mon cœur, d'accorder ma main à un malotru sans cervelle, qui n'agit que par coups de tête, fait sa cour au galop, et entend se marier à son heure. Je vous l'ai dit, moi, que c'était un fou furieux qui déguisait en franches brusqueries ses méchantes brimades ; voulant passer pour un joyeux drille, il courtise mille femmes, fixe le jour des noces, prépare le festin, invite ses amis, fait publier les bans, sans la moindre intention de conduire à l'autel les filles qu'il a courtisées. Et maintenant, tout le monde va montrer du doigt la pauvre Catarina en disant : « Tenez, voici la femme de ce fou de Petruchio, s'il consent un jour à venir l'épouser. »
TRANIO.
Patience, chère Catarina, et vous aussi, Baptista. Sur ma vie, les intentions de Petruchio sont bonnes, quel que soit le

THE TAMING OF THE SHREW

III, 2. 23

Whatever fortune stays him from his word.
Though he be blunt, I know him passing wise,
Though he be merry, yet withal he's honest.
KATHARINA.
Would Katharine had never seen him though!

[*she turns homeward 'weeping', followed by Bianca and the rest of the bridal train.*

BAPTISTA.
Go, girl, I cannot blame thee now to weep,
For such an injury would vex a saint,
Much more a shrew of thy impatient humour.

Biondello comes running up.

BIONDELLO.
30 Master, master! news, and such old news as you never heard of!
BAPTISTA.
Is it new and old too? how may that be?
BIONDELLO.
Why, is it not news, to hear of Petruchio's coming?
BAPTISTA.
Is he come?
BIONDELLO.
Why, no, sir.
BAPTISTA.
What then?
BIONDELLO.
He is coming.
BAPTISTA.
When will he be here?
BIONDELLO.
When he stands where I am and sees you there.
TRANIO.
40 But say, what to thine old news?
BIONDELLO.
Why, Petruchio is coming in a new hat and an old jerkin;

hasard qui l'empêche de tenir parole. Sous sa brusquerie, je le sais d'un bon sens extrême; tout joyeux drille qu'il est, il n'en est pas moins honnête.
CATARINA.
Plût à Dieu, néanmoins, que Catarina ne l'eût jamais rencontré!

Elle s'en retourne vers la maison 'en pleurant', suivie de Bianca et du reste de son cortège nuptial.

BAPTISTA.
Va, ma fille. Je ne puis te blâmer aujourd'hui de verser des larmes, car un tel affront irriterait une sainte : à plus forte raison, une irascible mégère de ton espèce!

Biondello entre en courant.

BIONDELLO.
Maître, maître! Une nouvelle, une vieille nouvelle, la plus vieille nouvelle que vous ayez jamais entendue.
BAPTISTA.
Nouvelle et vieille à la fois!... Comment est-ce possible!
BIONDELLO.
Eh bien, n'est-ce pas une nouvelle, d'apprendre que Petruchio arrive?
BAPTISTA.
Est-il arrivé?
BIONDELLO.
Eh, non, Monsieur.
BAPTISTA.
Alors, que dis-tu?
BIONDELLO.
Je dis qu'il arrive.
BAPTISTA.
Quand sera-t-il ici?
BIONDELLO.
Quand il sera debout à l'endroit où je suis et vous verra comme je vous vois.
TRANIO.
Mais, dis un peu, quelle est ta vieille nouvelle?
BIONDELLO.
Eh bien, voilà. Petruchio arrive avec un chapeau neuf et un

III, 2. 42

a pair of old breeches thrice turned; a pair of boots that have been candle-cases, one buckled, another laced; an old rusty sword ta'en out of the town-armoury, with a broken hilt, and chapeless; with two broken points: † with an old mothy saddle and stirrups of no kindred: his horse hipped besides, possessed with the glanders and like to mose in the chine, troubled with the lampass, infected with the fashions, full of windgalls, sped with spavins, rayed with the yellows,
50 past cure of the fives, stark spoiled with the staggers, begnawn with the bots, swayed in the back, and shoulder-shotten, near-legged before, and with a half-checked bit, and a head-stall of sheep's leather, which, being restrained to keep him from stumbling, hath been often burst and new-repaired with knots: one girth six times pieced, and a woman's crupper of velure, which hath two letters for her name, fairly set down in studs, and here and there pieced with pack-thread.

BAPTISTA.
Who comes with him?
BIONDELLO.
60 O, sir, his lackey, for all the world caparisoned like the horse: with a linen stock on one leg, and a kersey boot-hose on the other, gartered with a red and blue list; an old hat, and the humour of forty fancies pricked in't for a feather; a monster, a very monster in apparel, and not like a Christian footboy or a gentleman's lackey.

TRANIO.
'Tis some odd humour pricks him to this fashion.
Yet oftentimes he goes but mean-apparelled.

BAPTISTA.
I am glad he's come, howsoe'er comes.

BIONDELLO.
Why, sir, he comes not.

BAPTISTA.
70 Didst thou not say he comes?

BIONDELLO.
Who? that Petruchio came?

118

vieux pourpoint; une paire de vieilles chausses trois fois retournées; une paire de bottes où l'on gardait les bouts de chandelle : l'une bouclée, l'autre lacée; une vieille épée rouillée, empruntée à l'arsenal de la ville, fourreau sans chape et garde brisée; ses deux aiguillettes rompues; à son cheval, une vieille selle mangée aux mites et deux étriers dépareillés; la bête en outre est déhanchée, atteinte de la morve, râpée de l'échine, affligée d'un lampast, pourrie de forcins, criblée de molettes, éperonnée par les éparvins, marquée par la jaunisse, couverte d'avives incurables, perdue de vertigo, rongée par les mouches, le dos ensellé, l'avant-train épaulé et les jambes de devant écartées; son mors n'a plus qu'une guide et sa têtière en peau de mouton a été si souvent tendue pour empêcher l'animal de broncher qu'elle en a éclaté à maint endroit et ne tient plus qu'à force de nœuds; la sangle est six fois rapiécée; la croupière, qui fut faite pour une femme et marquée en gros clous aux initiales de la personne, est en velours, mais rafistolée çà et là de ficelle.

BAPTISTA.
Qui l'accompagne?
BIONDELLO.
Oh, Monsieur, son laquais, caparaçonné de tout point comme son cheval : un cuissard de grosse serge à une jambe et un bas de fil à l'autre, une lisière bleue et rouge en guise de jarretière; un vieux chapeau dont le panache est un panaché de toutes les couleurs [41] : bref, un monstre, un vrai monstre par le costume, et qui ne ressemble en rien au page d'un chrétien ou au laquais d'un gentilhomme.

TRANIO.
Quelque étrange lubie l'aura poussé à s'affubler ainsi. C'est vrai qu'il lui arrive souvent de sortir sordidement vêtu.
BAPTISTA.
Je suis heureux qu'il arrive, quel que soit son équipage.
BIONDELLO.
Mais, Monsieur, il n'arrive pas!
BAPTISTA.
N'as-tu pas dit qu'il arrivait?
BIONDELLO.
Qui? Petruchio?

III, 2. 72

BAPTISTA.
Ay, that Petruchio came.
BIONDELLO.
No, sir, I say his horse comes, with him on his back.
BAPTISTA.
Why, that's all one.
BIONDELLO.
    Nay, by S. Jamy,
    I hold you a penny,
    A horse and a man
    Is more than one,
    And yet not many.

Petruchio and Grumio, basely attired, enter the square in boisterous fashion.

PETRUCHIO.
80 Come, where be these gallants? who's at home?
BAPTISTA [*coldly*].
You are welcome, sir.
PETRUCHIO.
              And yet I come not well?
BAPTISTA.
And yet you halt not.
TRANIO.
              Not so well apparelled
As I wish you were.
PETRUCHIO.
Were it not better I should rush in thus?
But where is Kate? where is my lovely bride?
How does my father? Gentles, methinks you frown,
And wherefore gaze this goodly company,
As if they saw some wondrous monument,
Some comet, or unusual prodigy?
BAPTISTA.
90 Why, sir, you know, this is your wedding-day:
First were we sad, fearing you would not come,
Now sadder, that you come so unprovided...
Fie! doff this habit, shame to your estate,
An eye-sore to our solemn festival.

BAPTISTA.
Oui, que Petruchio arrivait.
BIONDELLO.
Non, non, Monsieur. J'ai dit que son cheval arrivait... avec Petruchio sur le dos.
BAPTISTA.
Eh bien, c'est tout un.
BIONDELLO.
  Nenni, par saint Frusquin,
  Je vous parie deux sous
  Qu'un homme et un poulain,
  Sans monter à beaucoup,
  Ça va chercher plus d'un.

Petruchio et Grumio vêtus à la diable, ainsi que Biondello les a décrits, entrent bruyamment.

PETRUCHIO.
Eh là! Où sont passés tous les galants? Qui est au logis?
BAPTISTA, *d'un air froid.*
Soyez le bienvenu, monsieur.
PETRUCHIO.
Encore que je ne me présente pas bien, peut-être?
BAPTISTA.
Oh, vous ne boitez pas!
TRANIO.
Je ne vous vois pas paré comme je le souhaiterais.
PETRUCHIO.
Ne valait-il pas mieux galoper ici tel que j'étais? Mais où est Cateau? Où est ma ravissante épousée? Comment va mon beau-père? Messires, vous me semblez faire grise mine, et d'où vient que cette noble compagnie écarquille les yeux comme à la vue d'un étonnant prodige, d'une comète ou de quelque phénomène extraordinaire?
BAPTISTA.
Mon Dieu, monsieur, vous le savez, c'est aujourd'hui le jour de vos noces. D'abord, nous étions tristes, car nous redoutions que vous ne vinssiez pas. Nous voici plus tristes encore de voir que vous venez à nous si démuni. Ah, fi! rejetez ces habits qui font honte à votre rang et offensent nos yeux en cette fête solennelle.

THE TAMING OF THE SHREW

III, 2. 95

TRANIO.
And tell us what occasion of import
Hath all so long detained you from your wife,
And sent you hither so unlike yourself?
PETRUCHIO.
Tedious it were to tell, and harsh to hear—
Sufficeth I am come to keep my word,
Though in some part enforcéd to digress,
Which at more leisure I will so excuse
As you shall well be satisfied withal...
But where is Kate? I stay too long from her,
The morning wears, 'tis time we were at church.
TRANIO.
See not your bride in these unreverent robes,
Go to my chamber, put on clothes of mine.
PETRUCHIO.
Not I, believe me—thus I'll visit her.
BAPTISTA.
But thus, I trust, you will not marry her.
PETRUCHIO.
Good sooth, even thus: therefore ha' done with words,
To me she's married, not unto my clothes:
Could I repair what she will wear in me,
As I can change these poor accoutrements,
'Twere well for Kate, and better for myself...
But what a fool am I to chat with you,
When I should bid good morrow to my bride,
And seal the title with a lovely kiss.

[*he hastens off with Grumio behind him.*

TRANIO.
He hath some meaning in his mad attire.
We will persuade him, be it possible,
To put on better ere he go to church.
BAPTISTA.
I'll after him, and see the event of this.

[*he follows Petruchio; Gremio and others also depart.*

TRANIO.
But to her love concerneth us to add

LA MÉGÈRE APPRIVOISÉE

TRANIO.
Et dites-nous quelle est la raison majeure qui vous a si long-temps retenu loin de votre épouse, et pourquoi nous vous voyons si différent de vous-même?
PETRUCHIO.
Le récit en serait fastidieux pour le narrateur, pénible pour l'auditeur : il suffit que je sois ici pour tenir ma parole, sauf à commettre quelques écarts forcés dont je m'excuserai, au moment opportun, en vous donnant les raisons les plus satisfaisantes... Mais où est Cateau? On me tient trop long-temps éloigné d'elle; la matinée passe, nous devrions déjà être à l'église.
TRANIO.
N'abordez pas votre fiancée dans cet accoutrement irrévé-rencieux, allez dans ma chambre et mettez de mes habits.
PETRUCHIO.
Point du tout, croyez-m'en. C'est ainsi que je lui rendrai visite.
BAPTISTA.
Mais ce n'est pas ainsi, j'espère, que vous l'épouserez?
PETRUCHIO.
Si fait, parbleu! Ainsi même! Épargnez-moi donc vos dis-cours. C'est moi qu'elle épouse et non mes vêtements : si je pouvais renouveler les forces qu'elle épuisera en moi aussi aisément que je puis changer ces pauvres hardes, Cateau s'en trouverait bien et moi mieux encore... Mais quel benêt je suis de jaser avec vous, quand je devrais souhaiter le bonjour à mon épousée et sceller ce titre d'un amoureux baiser.

Il sort, suivi de Grumio.

TRANIO.
Ce costume extravagant déguise une intention. Si la chose est possible, persuadons-le de s'habiller plus décemment pour aller à l'église.
BAPTISTA.
Je le rejoins, et vais voir comment tournent les choses.

Il suit Petruchio. Gremio et les autres partent aussi.

TRANIO.
Oui, mais à l'amour de la dame, c'est à nous d'ajouter la sym-

THE TAMING OF THE SHREW

III, 2. 122

Her father's liking, which to bring to pass,
As I before imparted to your worship,
I am to get a man—whate'er he be,
It skills not much, we'll fit him to our turn—
And he shall be Vincentio of Pisa,
And make assurance here in Padua
Of greater sums than I have promiséd.
So shall you quietly enjoy your hope,
130 And marry sweet Bianca with consent.
LUCENTIO.
Were it not that my fellow-schoolmaster
Doth watch Bianca's steps so narrowly,
'Twere good methinks to steal our marriage,
Which once performed, let all the world say no,
I'll keep mine own despite of all the world.
TRANIO.
That by degrees we mean to look into,
And watch our vantage in this business.
We'll over-reach the greybeard, Gremio,
The narrow-prying father, Minola,
140 The quaint musician, amorous Licio—
All for my master's sake, Lucentio...

Gremio returns.

Signior Gremio, came you from the church?
GREMIO.
As willingly as e'er I came from school.
TRANIO.
And is the bride and bridegroom coming home?
GREMIO.
A bridegroom, say you? 'tis a groom, indeed,
A grumbling groom, and that the girl shall find.
TRANIO.
Curster than she? why, 'tis impossible.
GREMIO.
Why, he's a devil, a devil, a very fiend.
TRANIO.
Why, she's a devil, a devil, the devil's dam.
GREMIO.
150 Tut! she's a lamb, a dove, a fool to him...
I'll tell you, Sir Lucentio; when the priest
Should ask if Katharine should be his wife,

pathie du père, et pour l'obtenir, ainsi que je l'expliquais tantôt à Votre Honneur, il faut que je me procure un homme (peu importe ce qu'il est, nous l'accommoderons à nos fins) qui jouera à Padoue le rôle de Vincentio de Pise et se portera garant d'un douaire encore plus généreux que celui que j'avais promis. Ainsi vos vœux s'accompliront tranquillement, et vous épouserez l'adorable Bianca avec le consentement de son père.

LUCENTIO.
N'était que mon collègue, le maître de musique, surveille de si près les gestes de Bianca, nous ferions mieux, je crois, de nous marier subrepticement; une fois le fait accompli, le monde entier pourrait dire non, je garderais mon bien malgré le monde entier.

TRANIO.
Cela, nous y viendrons à l'occasion, si c'est en cette affaire la solution la plus avantageuse. Nous duperons Gremio le barbon, Baptista Minola le père soupçonneux, l'amoureux Licio, musicien rusé : tout cela, pour l'amour de Lucentio, mon maître.

Gremio rentre.

Signor Gremio, venez-vous de l'église ?

GREMIO.
D'aussi bon cœur qu'autrefois je rentrais de l'école !

TRANIO.
La dame et son cavalier s'en reviennent-ils ?

GREMIO.
Cavalier [42], dites-vous ? C'est bien plutôt un valet d'écurie, un palefrenier bourru et la pauvre fille va s'en apercevoir !

TRANIO.
Plus forcené qu'elle ? Allons, c'est impossible.

GREMIO.
Lui ! mais c'est un diable, un diable, un vrai démon !

TRANIO.
Mais elle, c'est une diablesse, une diablesse, la femme du Diable !

GREMIO.
Baste ! Elle n'est qu'un agneau, une colombe, une pauvre niaise à côté de lui. Écoutez, messire Lucentio. Quand le prêtre lui demanda s'il prenait Catarina pour femme : « Eh

III, 2. 153

'Ay, by gogs-wouns,' quoth he, and swore so loud,
That all-amazed the priest let fall the book,
And as he stooped again to take it up,
This mad-brained bridegroom took him such a cuff,
That down fell priest and book, and book and priest.
'Now take them up,' quoth he, 'if any list.'
 TRANIO.
What said the wench, when he arose again?
 GREMIO.
160 Trembled and shook; for why, he stamped and swore,
As if the vicar meant to cozen him...
But after many ceremonies done,
He calls for wine—'A health,' quoth he, as if
He had been aboard, carousing to his mates
After a storm—quaffed off the muscadel,
And threw the sops all in the sexton's face;
Having no other reason
But that his beard grew thin and hungrily,
And seemed to ask him sops as he was drinking...
170 This done, he took the bride about the neck,
And kissed her lips with such a clamorous smack,
That at the parting all the church did echo:
And I seeing this came thence for very shame,
And after me, I know, the rout is coming.
Such a mad marriage never was before:
Hark, hark! I hear the minstrels play.

The minstrels with the marriage procession enter the square, Petruchio and Katharina leading, followed by Bianca, Baptista, Hortensio, Grumio, and the rest of their train.

 PETRUCHIO.
Gentlemen and friends, I thank you for your pains,
I know you think to dine with me to-day,
And have prepared great store of wedding cheer,
180 But so it is, my haste doth call me hence,
And therefore here I mean to take my leave.
 BAPTISTA.
Is't possible you will away to-night?
 PETRUCHIO.
I must away to-day before night come.
Make it no wonder; if you knew my business,
You would entreat me rather go than stay...

126

oui, sacrebleu ! », s'écrie-t-il, en poussant des jurons si sonores que le prêtre ébahi en laisse tomber le livre ; puis, comme le saint homme se baisse pour le ramasser, ce fou furieux de marié lui assène un tel soufflet que prêtre et livre, livre et prêtre, dégringolent dans la poussière. « Et maintenant, s'écrie Petruchio, les ramasse qui voudra ! »
   TRANIO.
Et qu'a dit la jeune fille lorsqu'il s'est relevé ?
   GREMIO.
Elle était tout agitée de tremblements, car il frappait du pied et blasphémait, comme si le curé voulait le filouter. Enfin, après bien des cérémonies, il a fait venir du vin. « Or ça, buvons ! » a-t-il dit, comme s'il était sur le pont d'un navire, à festoyer avec ses matelots après une tempête. Ayant lampé le muscat [43] sans en laisser aux autres, il lança le fond du verre à la figure du sacristain, donnant pour toute raison que la barbe du pauvre homme paraissait maigre et famélique et semblait le supplier, pendant qu'il buvait, de lui accorder les trempettes de biscuit. Ceci fait, il a pris la mariée par le cou et lui a appliqué sur les lèvres un baiser si retentissant que, lorsque leurs bouches se sont séparées, l'église tout entière en a renvoyé l'écho ! Voyant cela, je me suis enfui de male honte, mais je sais que les bambocheurs me suivent de près. Jamais l'on ne vit mariage aussi fou... Mais, écoutez, j'entends les ménestrels.

Musique. Les ménestrels entrent, conduisant la noce, Petruchio et Catarina en avant, suivis par Bianca, Baptista, Hortensio, Grumio et toute leur suite.

   PETRUCHIO.
Gentilshommes et vous, mes amis, je vous remercie pour vos peines. Je sais que vous comptiez dîner avec moi ce soir, et que vous aviez préparé pour le festin de noces des victuailles à foison. Mais voici que d'urgentes affaires m'appellent au loin : je me vois donc contraint de prendre congé de vous.
   BAPTISTA.
Est-il possible que vous vouliez partir dès ce soir ?
   PETRUCHIO.
Je dois partir dès ce jour, avant le soir. N'en soyez point surpris : si vous connaissiez mes raisons, vous me supplieriez

III, 2. 186

And, honest company, I thank you all,
That have beheld me give away myself
To this most patient, sweet, and virtuous wife.
Dine with my father, drink a health to me,
190 For I must hence, and farewell to you all.
    TRANIO.
Let us entreat you stay till after dinner.
    PETRUCHIO.
It may not be.
    GREMIO.
            Let me entreat you.
    PETRUCHIO.
I cannot be.
    KATHARINA.
            Let me entreat you.
    PETRUCHIO.
I am content.
    KATHARINA.
            Are you content to stay?
    PETRUCHIO.
I am content you shall entreat me stay—
But yet not stay, entreat me how you can.
    KATHARINA.
Now, if you love me, stay.
    PETRUCHIO.
                Grumio, my horse.
    GRUMIO.
Ay, sir, they be ready—the oats have eaten the horses.
    KATHARINA.
Nay, then,
200 Do what thou canst, I will not go to-day,
No, nor to-morrow, till I please myself.
The door is open, sir, there lies your way,
You may be jogging whiles your boots are green;
For me, I'll not be gone, till I please myself.
'Tis like you'll prove a jolly, surly groom,
That take it on you at the first so roundly.
    PETRUCHIO.
O, Kate, content thee, prithee, be not angry.
    KATHARINA.
I will be angry—what hast thou to do?
Father, be quiet—he shall stay my leisure.

de partir, non de rester... Je vous remercie tous, nobles compagnons, qui m'ont vu m'accorder à cette très douce, très patiente et très vertueuse épouse. Dînez avec mon père, buvez à ma santé, car je dois vous quitter. Adieu, vous tous!

TRANIO.
Laissez-nous vous supplier de ne partir qu'après dîner.

PETRUCHIO.
Je ne le puis.

GREMIO.
Je vous en supplie.

PETRUCHIO.
C'est tout à fait impossible.

CATARINA.
Je vous en supplie.

PETRUCHIO.
Je suis ravi.

CATARINA.
Vous êtes ravi de rester?

PETRUCHIO.
Je suis ravi que vous me suppliiez de rester, mais je ne resterai pas, malgré vos supplications.

CATARINA.
Ah, si vous m'aimez, vous resterez.

PETRUCHIO.
Grumio, mes chevaux!

GRUMIO.
Oui, monsieur, ils sont prêts. L'avoine a mangé les chevaux...

CATARINA.
Eh bien, quoi que tu fasses, quant à moi, je ne partirai pas, ni aujourd'hui, ni demain, ni tant qu'il me plaira de rester. La porte est ouverte, monsieur, et voici le chemin : s'il vous plaît de reprendre le trot pendant que vos bottes sont encore fraîches, moi je ne partirai que lorsque j'en aurai l'envie. Vous êtes homme, paraît-il, à faire un mari arrogant et bourru, si dès le premier jour vous menez les choses aussi rondement!

PETRUCHIO.
Oh, Cateau, calme-toi. Je t'en prie, ne te fâche pas.

CATARINA.
Je me fâcherai si je veux. Qu'as-tu donc tant à faire? Ne vous troublez pas, père, il attendra mon heure.

III, 2. 210

GREMIO.
210 Ay, marry, sir, now it begins to work.
KATHARINA.
Gentlemen, forward to the bridal dinner.
I see a woman may be made a fool,
If she had not a spirit to resist.
PETRUCHIO [*fiercely*].
They shall go forward, Kate at thy command.
Obey the bride, you that attend on her!
Go to the feast, revel and domineer,
Carouse full measure to her maidenhead,
Be mad and merry, or go hang yourselves;
But for my bonny Kate, she must with me...
[*he takes her about the waist, as in defiance of the company.*
220 Nay, look not big, nor stamp, nor stare, nor fret,
I will be master of what is mine own.
She is my goods, my chattels, she is my house,
My household stuff, my field, my barn,
My horse, my ox, my ass, my any thing—
And here she stands, touch her whoever dare!
I'll bring mine action on the proudest he
That stops my way in Padua... Grumio,
Draw forth thy weapon, we are beset with thieves,
Rescue thy mistress, if thou be a man...
230 Fear not, sweet wench, they shall not touch thee, Kate!
I'll buckler thee against a million.

[*he carries her from the square, Grumio making pretence
to cover his retreat.*

BAPTISTA.
Nay, let them go, a couple of quiet ones.
GREMIO.
Went they not quickly, I should die with laughing.
TRANIO.
Of all mad matches never was the like!
LUCENTIO.
Mistress, what's your opinion of your sister?
BIANCA.
That, being mad herself, she's madly mated.
GREMIO.
I warrant him, Petruchio is Kated.

130

LA MÉGÈRE APPRIVOISÉE

GREMIO.
Hé, oui, Monsieur : voici que cela commence à agir.
CATARINA.
Messieurs, allons prendre place pour le repas de noces! Je vois qu'on pourrait faire tourner une femme comme un toton, si elle n'avait pas le courage de résister.
PETRUCHIO, *avec violence.*
Ils vont s'y rendre, Cateau, puisque tu l'ordonnes! Obéissez à l'épousée, vous autres, gens de sa suite! Allez au festin, chantez et faites ripaille, et buvez à plein bord à son pucelage, le tout dans la plus folle liesse; sinon, allez au diable! Quant à Cateau, ma belle, elle part avec moi.
*Il la saisit par la taille,
comme s'il la défendait contre tous les autres.*
Non, non, ne le prenez pas de haut; point de trépignements, de regards furibonds, de gestes de colère! Je veux être maître de ce qui m'appartient. Cateau est à la fois mes biens et mes effets, ma maison et mes meubles, mon champ et ma grange, mon cheval, mon bœuf, mon âne, mon tout! La voici près de moi, la touche qui l'ose! J'engage le combat contre le téméraire qui, dans Padoue, s'oppose à mon passage. Dégaine, Grumio, nous sommes cernés par des voleurs! si tu es un homme, défends ta maîtresse... Ne crains rien, douce enfant, ils ne te toucheront pas, ma Cateau. Fussent-ils un million, je serai ton bouclier!
*Il l'emporte hors de la place,
Grumio faisant semblant de couvrir sa retraite.*

BAPTISTA.
Laissez, laissez partir ce paisible ménage!
GREMIO.
S'ils n'avaient disparu si vite, je serais mort de rire!
TRANIO.
De tous les mariages fous, c'est le plus fou.
LUCENTIO.
Madame, que pensez-vous de votre sœur?
BIANCA.
Qu'une folle à lier s'est à un fol liée.
LUCENTIO.
Petruchio, je le jure, est encatariné.

III, 2. 238

BAPTISTA.
Neighbours and friends, though bride and bridegroom wants
For to supply the places at the table,
240 You know, there wants no junkets at the feast...
Lucentio, you shall supply the bridegroom's place,
And let Bianca take her sister's room.
TRANIO.
Shall sweet Bianca practise how to bride it?

[*he takes her hand.*

BAPTISTA.
She shall, Lucentio... Come, gentlemen, let's go.

[*they go in.*

[IV, 1.] *The hall of Petruchio's house in the country;
stairs leading to a gallery; a large open hearth; a table,
benches, and stools; three doors, one opening on to the
porch without.*

GRUMIO *enters the house, his shoulders covered with snow,
his legs with mud.*

GRUMIO [*throws himself upon a bench*].
Fie, fie, on all tired jades, on all mad masters, and all foul
ways! Was ever man so beaten? was ever man so rayed?
was ever man so weary? I am sent before to make a fire, and
they are coming after to warm them... Now, were not I a
little pot, and soon hot, my very lips might freeze to my
teeth, my tongue to the roof of my mouth, my heart in my
belly, ere I should come by a fire to thaw me. But I,
with blowing the fire, shall warm myself; for, considering
the weather, a taller man than I will take cold... Holla,
10 ho! Curtis!

Curtis enters.

CURTIS.
Who is that calls so coldly?
GRUMIO.
A piece of ice: if thou doubt it, thou mayst slide from my
shoulder to my heel with no greater a run but my head and
my neck... A fire, good Curtis.

BAPTISTA.
Amis, voisins, bien que marié et mariée fassent défaut et laissent vides leurs places à table, vous savez que la bonne chère, elle, n'y fera pas défaut. Lucentio, vous prendrez la place du marié, et Bianca prendra celle de sa sœur.

TRANIO.
La gente Bianca va-t-elle s'exercer à faire la mariée ?

Il lui prend la main.

BAPTISTA.
Eh oui, Lucentio. Venez, messieurs, allons.

Ils entrent dans la maison.

[IV, 1.] Grande salle d'entrée dans la maison de campagne de Petruchio

GRUMIO *entre, couvert de boue.*

GRUMIO, *se jetant sur un banc.*
Peste, oh, la male peste soit de toutes les rosses fourbues, de tous les maîtres fous, et de tous les chemins bourbeux ! Fut-il jamais homme plus courbatu, plus crotté, et plus harassé que moi ? Ils m'envoient en avant pour faire du feu et ils arrivent derrière pour se chauffer. Si je n'étais pas un de « ces petits pots qui sont vite chauds[44] », mes lèvres gelées colleraient à mes dents, ma langue à mon palais, mon cœur à mes boyaux, avant que j'aie trouvé la moindre flambée pour me dégeler. Oui, mais moi, je vais me réchauffer rien qu'en soufflant sur le feu, tandis que, vu le temps, un grand diable attraperait un rhume. Holà, ho, Curtis !

Entre Curtis.

CURTIS.
Qui donc m'appelle d'une voix si transie ?

GRUMIO.
Un bloc de glace. Si tu ne me crois pas, tu peux faire une glissade de mon épaule à mon talon sans plus d'élan que de ma tête à mon cou. Du feu, bon Curtis !

THE TAMING OF THE SHREW

IV, I. 15

CURTIS.
Is my master and his wife coming, Grumio?
GRUMIO.
O, ay, Curtis, ay, and therefore fire, fire, cast on no water.
CURTIS.
Is she so hot a shrew as she's reported?
GRUMIO.
She was, good Curtis, before this frost: but thou know'st winter tames man, woman, and beast; for it hath tamed my
20 old master, and my new mistress, and myself, fellow Curtis.
CURTIS.
Away, you three-inch fool! I am no beast.
GRUMIO.
Am I but three inches? why, thy horn is a foot, and so long am I at the least... But wilt thou make a fire, or shall I complain on thee to our mistress, whose hand (she being now at hand) thou shalt soon feel, to thy cold comfort, for being slow in thy hot office?
CURTIS [*sets about kindling a fire on the hearth*].
I prithee, good Grumio, tell me, how goes the world?
GRUMIO.
A cold world, Curtis, in every office but thine—and therefore fire... Do thy duty, and have thy duty, for my master and
30 mistress are almost frozen to death.
CURTIS [*rises from the hearth*].
There's fire ready, and therefore, good Grumio, the news?
GRUMIO.
Why, 'Jack boy! ho boy!' and as much news as thou wilt.
CURTIS.
Come, you are so full of cony-catching.
GRUMIO [*warms his hands*].
Why therefore fire, for I have caught extreme cold... Where's the cook? is supper ready, the house trimmed, rushes

134

CURTIS.
Est-ce que mon maître et son épouse arrivent, Grumio ?
GRUMIO.
Oui... brrr... oui, Curtis, vite, au feu, au feu[45] ! Ne jetez plus d'eau.
CURTIS.
Est-ce, comme on le dit, une mégère à la tête chaude ?
GRUMIO.
Elle l'était, bon Curtis, avant cette gelée : mais tu sais bien que l'hiver engourdit tout : homme, femme et bête; c'est ainsi qu'il est venu à bout de mon vieux maître, de ma nouvelle maîtresse et de moi-même, frère Curtis.
CURTIS.
Tout beau, moi, je ne suis point une bête, sot avorton de trois pouces de haut!
GRUMIO.
Trois pouces, moi ? Allons donc. Tes cornes ont bien un pied de haut et je suis au moins aussi grand qu'elles... Mais vas-tu allumer le feu, oui ou non ? Je vais me plaindre de toi à notre maîtresse, dont la main (qui est maintenant à portée de la nôtre) ne tardera guère à te réchauffer les oreilles, si tu es trop froid à t'acquitter de ta chaude besogne.
CURTIS *se met à allumer du feu dans l'âtre.*
Dis-moi, bon Grumio, dis-moi, je t'en prie, comment va le monde.
GRUMIO.
Froidement, Curtis, quand on ne fait pas ce que tu es en train de faire. Donc, attise. Fais ce que tu dois, tu auras ton dû, car mon maître et ma maîtresse sont quasiment morts de froid.
CURTIS.
Voilà, le feu est allumé. Donc, bon Grumio, les nouvelles ?
GRUMIO.
« Sur l'air du tradéridéra[46] », toutes les nouvelles que tu voudras, ami Curtis!
CURTIS.
Ah, tu t'y entends à emmener les gens en bateau [47]!
GRUMIO.
Alors attise ton feu, car l'eau est rudement froide! Où est le cuisinier ? A-t-on préparé le souper, rangé la maison,

IV, I. 36

strewed, cobwebs swept, the serving-men in their new fustian, their white stockings, and every officer his wedding-garment on? Be the jacks fair within, the jills fair without, the carpets laid, and every thing in order?
CURTIS.
All ready: and therefore, I pray thee, news.
GRUMIO.
First, know, my horse is tired, my master and mistress fallen out—
CURTIS.
How?
GRUMIO.
Out of their saddles into the dirt, and thereby hangs a tale.
CURTIS.
Let's ha't, good Grumio.
GRUMIO.
Lend thine ear.
CURTIS.
Here.
GRUMIO.
There.

[*he strikes him.*

CURTIS.
This is to feel a tale, not to hear a tale.
GRUMIO.
And therefore 'tis called, a sensible tale: and this cuff was but to knock at your ear and beseech listening: now I begin—Imprimis, we came down a foul hill, my master riding behind my mistress—
CURTIS.
Both of one horse?
GRUMIO.
What's that to thee?
CURTIS.
Why, a horse.

LA MÉGÈRE APPRIVOISÉE

jonché le sol de roseaux, balayé les toiles d'araignée? Les valets ont-ils endossé leur futaine neuve et leurs bas blancs? Et tous les officiers de bouche sont-ils en habits de noces? Les marmites sont-elles bien astiquées au dedans et les marmitons bien astiqués au dehors[48]? les tapis des tables en place? Tout est-il en ordre?
CURTIS.
Tout. Alors, je t'en prie, les nouvelles!
GRUMIO.
D'abord, sache que mon cheval est fourbu et que le maître et la maîtresse ont eu des bisbilles...
CURTIS.
Tiens, tiens?
GRUMIO.
... avec leurs chevaux, et sont tombés de leurs selles dans la boue, et là commence l'histoire.
CURTIS.
Raconte-la, mon brave Grumio.
GRUMIO.
Tends bien l'oreille.
CURTIS.
Voilà.
GRUMIO.
Là!

Il lui donne un soufflet.

CURTIS.
Ce n'est pas là entendre une histoire, c'est la sentir.
GRUMIO.
C'est pourquoi l'on dit : une histoire bien sentie ; par cette taloche, comprends-tu, j'ai voulu frapper à la porte de ton oreille et la prier d'écouter, c'est tout. Je commence : Primo, nous dévalions une pente boueuse, mon maître à cheval derrière ma maîtresse...
CURTIS.
En croupe?
GRUMIO.
Est-ce que ça te regarde?
CURTIS.
C'est la croupe du cheval que je voulais dire.

THE TAMING OF THE SHREW

IV, I. 57

GRUMIO.
Tell thou the tale: but hadst thou not crossed me, thou shouldst have heard how her horse fell, and she under her horse; thou shouldst have heard in how miry a place, how she was bemoiled, how he left her with the horse upon her, how he beat me because her horse stumbled, how she waded through the dirt to pluck him off me; how he swore, how she prayed that never prayed before; how I cried, how the horses ran away, how her bridle was burst; how I lost my crupper—with many things of worthy memory, which now shall die in oblivion, and thou return unexperienced to thy grave.
CURTIS.
By this reck'ning he is more shrew than she.
GRUMIO.
Ay, and that thou and the proudest of you all shall find when he comes home... But what talk I of this? Call forth Nathaniel, Joseph, Nicholas, Philip, Walter Sugarsop, and the rest; let their heads be sleekly combed, their blue coats brushed, and their garters of an indifferent knit; let them curtsy with their left legs, and not presume to touch a hair of my master's horsetail, till they kiss their hands... Are they all ready?
CURTIS.
They are.
GRUMIO.
Call them forth.
CURTIS [calls].
Do you hear, ho? you must meet my master to countenance my mistress.
GRUMIO.
Why, she hath a face of her own.
CURTIS.
Who knows not that?
GRUMIO.
Thou, it seems, that calls for company to countenance her.

LA MÉGÈRE APPRIVOISÉE

GRUMIO.
Alors, raconte l'histoire toi-même. Mais si tu ne m'avais coupé, tu aurais appris comment son cheval est tombé et elle sous son cheval; tu aurais su que l'endroit était un bourbier et qu'elle a pris un bain de fange; qu'il l'a laissée avec le cheval sur elle; qu'il m'a battu parce que le cheval de Madame avait bronché; qu'elle a pataugé dans la boue pour venir m'arracher à lui; qu'il a juré et sacré; qu'elle le suppliait, elle qui jamais ne supplia personne; que je poussai tant de hurlements que les chevaux en prirent la fuite; que la bride qu'elle tenait se rompit; que j'y perdis ma croupière; et bien d'autres choses dignes d'être retenues et qui vont maintenant mourir dans l'oubli, tandis que tu descendras dans la tombe sans avoir rien perdu de ton ignorance.
CURTIS.
D'après ce que tu dis, il serait plus enragé qu'elle.
GRUMIO.
Oui, certes, et vous allez vous en apercevoir, toi-même et les plus farauds de cette maisonnée, lorsqu'il sera au logis... Mais à quoi bon toutes ces paroles? Appelle Nathaniel, Joseph, Nicolas, Philippe, Gauthier Cassonade et tous les autres; qu'ils aient les cheveux bien lisses, que leur livrée bleue soit bien brossée et leurs jarretières correctement nouées; qu'ils fassent la révérence du pied gauche et ne s'avisent pas de toucher un poil de la queue du cheval de mon maître qu'ils ne lui aient envoyé un baiser de la main. Sont-ils tous prêts?
CURTIS.
Oui, tous.
GRUMIO.
Fais-les venir.
CURTIS.
Holà! Entendez-vous? Il faut que vous alliez au-devant de mon maître et que vous fassiez bon visage à ma maîtresse.
GRUMIO.
Comment? Mais elle a en déjà un, de visage.
CURTIS.
Qui donc l'ignore?
GRUMIO.
Toi, dirait-on, qui les appelles pour lui en faire un.

IV, 1. 84

CURTIS.
I call them forth to credit her.
GRUMIO.
Why, she comes to borrow nothing of them.

'Enter four of five serving-men'; they crowd about Grumio.

NATHANIEL.
Welcome home, Grumio.
PHILIP.
How now, Grumio!
JOSEPH.
What, Grumio!
NICHOLAS.
Fellow Grumio!
NATHANIEL.
90 How now, old lad?
GRUMIO.
Welcome, you!—how now, you!—what, you!—fellow, you!—and thus much for greeting... Now, my spruce companions, is all ready, and all things neat?
NATHANIEL.
All things is ready. How near is our master?
GRUMIO.
E'en at hand, alighted by this; and therefore be not—Cock's passion, silence! I hear my master.

The door is rudely flung open and Petruchio enters with Katharina, both stained with mire from head to foot; he strides into the midst of the room; she, wellnigh swooning but still untamed, stands leaning against the wall just within the door.

PETRUCHIO.
Where be these knaves? What, no man at the door,
To hold my stirrup, nor to take my horse!
Where is Nathaniel, Gregory, Philip?—
SERVANTS [*running up*].
100 Here, here, sir—here, sir.
PETRUCHIO.
Here, sir! here, sir! here, sir! here, sir!—
You logger-headed and unpolished grooms!
What, no attendance? no regard? no duty?—

140

CURTIS.
Je les appelle pour qu'ils lui rendent honneur...
GRUMIO.
Est-ce qu'on le lui avait pris ?[49]

'Entrent quatre ou cinq serviteurs'; ils se groupent autour de Grumio.

NATHANIEL.
Sois le bienvenu, Grumio.
PHILIPPE.
Comment va, Grumio ?
JOSEPH.
Ah! Grumio, te voilà.
NICOLAS.
Ce brave Grumio!
NATHANIEL.
Comment vas-tu, vieux frère ?
GRUMIO.
Bonjour, toi!... Comment vas-tu ?... Ah, tu es là!... Bonjour, camarade!... Et ça suffira pour les salutations. Dites-moi maintenant, mes fins godelureaux, tout est-il prêt ? Tout est-il bien en ordre ?
NATHANIEL.
Tout est prêt. Notre maître approche-t-il ?
GRUMIO.
Il est à deux pas. Il a mis pied à terre. Aussi gardez-vous de... Jarnibleu, silence! J'entends mon maître.

Entrent Petruchio et Catarina, couverts de boue.

PETRUCHIO.
Où sont donc ces vauriens ? Quoi! personne à la grille pour me tenir l'étrier et prendre mon cheval! Où êtes-vous, Nathaniel, Grégoire, Philippe ?
LES VALETS.
Nous voici, Monsieur, nous voici!
PETRUCHIO.
Nous voici, nous voici, nous voici, nous voici! Têtes de bûches! Palefreniers, butors et croquants que vous êtes! Comment, personne à ma rencontre, personne pour me

THE TAMING OF THE SHREW

IV, I. 104

Where is the foolish knave I sent before?
GRUMIO.
Here, sir, as foolish as I was before.
PETRUCHIO.
You peasant swain! you whoreson malt-horse drudge!
Did I not bid thee meet me in the park,
And bring along these rascal knaves with thee?
GRUMIO.
Nathaniel's coat, sir, was not fully made,
110 And Gabriel's pumps were all unpinked i'th' heel;
There was no link to colour Peter's hat,
And Walter's dagger was not come from sheathing:
There were none fine but Adam, Rafe, and Gregory—
The rest were ragged, old, and beggarly.
Yet, as they are, here are they come to meet you.
PETRUCHIO.
Go, rascals, go, and fetch my supper in...

[*they hurry out.*

[*he sings*] 'Where is the life that late I led'—
Where are those— [*perceiving Katharina still at the door*]
Sit down, Kate, and welcome [*he brings her to the fire*]...
120 Food, food, food, food!
'*Enter servants with supper*'.
Why, when, I say? Nay, good sweet Kate, be merry...
[*he sits beside her.*
Off with my boots, you rogues! you villains, when?
[*a servant kneels to take off his boots.*
[*he sings*] 'It was the friar of orders grey,
As he forth walked on his way'—
Out, you rogue! you pluck my foot awry.
[*he strikes him.*
Take that, and mend the plucking off the other...
[*the second boot is removed; he rises.*
Be merry, Kate... Some water, here: what, ho!
['*Enter one with water*'; *Petruchio looks away.*
Where's my spaniel Troilus? Sirrah, get you hence.
And bid my cousin Ferdinand come hither...
[*a servant goes out.*
130 One, Kate, that you must kiss, and be acquainted with...

142

saluer, pas le moindre respect! Où est l'abruti gredin que j'ai envoyé devant?
GRUMIO.
Ici, Monsieur, aussi abruti que devant.
PETRUCHIO.
Cul-terreux! Cheval de brasseur! Fils de putain! Ne t'avais-je pas ordonné de venir à ma rencontre dans le parc et d'amener avec toi ces sacrés pendards?
GRUMIO.
La livrée de Nathaniel n'était pas tout à fait prête, Monsieur, les brodequins de Gabriel avaient des déchirures au talon, et il ne restait plus une seule torche de poix pour noircir le chapeau de Pierre; Gauthier attendait encore de l'armurier le fourreau de sa dague; aucun, sauf Adam, Rodolphe et Grégoire, ne se présentait avec élégance... les autres étaient vieux, miséreux et miteux... Enfin, tels qu'ils sont, les voilà qui sont venus vous accueillir.
PETRUCHIO.
Allez, maroufles, allez chercher mon souper.

Ils sortent.

(*Il chante.*) ' Où est la vie que je menais [50] ? ' ... Où sont ces... Assieds-toi, et sois la bienvenue, Cateau... A manger, à manger, à manger, à manger!
'Entrent les serviteurs apportant le souper'.
Eh bien, quand cela vient-il? Je t'en prie, bonne et douce Cateau, sois gaie. Otez-moi mes bottes, racaille. Allons, marauds, qu'attendez-vous?
Il chante :

> 'Au temps jadis, un frère gris
> Lorsqu'il s'en allait en voyage...'

Arrête, animal, tu me tords le pied... (*Il le frappe.*) Prends ça et applique-toi à mieux tirer l'autre! Sois gaie, Cateau... Holà, apportez-moi de l'eau! Eh bien!
'Entre un valet apportant de l'eau'.
Petruchio regarde de l'autre côté.
Où donc est Troïlus, mon épagneul? Décampe, maroufle, et va prier mon cousin Ferdinand de venir [51].
Le valet sort.
C'est quelqu'un, Cateau, qu'il faudra embrasser et dont je

THE TAMING OF THE SHREW

IV, I. 131

Where are my slippers?   Shall I have some water?
            [*the basin is a second time presented to him.*
Come, Kate, and wash, and welcome heartily...
            [*he stumbles against the servant and spills the water.*
You whoreson villain! will you let it fall?

                                    [*he strikes him.*

KATHARINA.
Patience, I pray you, 'twas a fault unwilling.
PETRUCHIO.
A whoreson, beetle-headed, flap-eared knave!
Come, Kate, sit down, I know you have a stomach.
                        [*she comes to the table.*
Will you give thanks, sweet Kate, or else shall I?—
What's this? mutton?
I SERVANT.
                Ay.
PETRUCHIO.
                        Who brought it?
PETER.
                                    I.
PETRUCHIO.
'Tis burnt, and so is all the meat:
140 What dogs are these! Where is the rascal cook?
How durst you, villains, bring it from the dresser,
And serve it thus to me that love it not?
There, take it to you, trenchers, cups and all:
            [*he throws the meal at the servants' heads.*
You heedless joltheads, and unmannered slaves!
What, do you grumble?   I'll be with you straight.

    [*he chases them all, save Curtis, from the room.*

KATHARINA.
I pray you, husband, be not so disquiet,
The meat was well, if you were so contented.
PETRUCHIO.
I tell thee, Kate, 'twas burnt and dried away,
And I expressly am forbid to touch it:
150 For it engenders choler, planteth anger,

veux que tu fasses la connaissance. Où sont mes pantoufles ? Et cette eau, arrive-t-elle ?
Pour la deuxième fois, on lui présente le bassin.
Viens, Cateau, viens te laver et sois de tout cœur la bienvenue céans.
Il bouscule le valet qui laisse tomber l'eau.
Idiot ! Fils de garce ! Naturellement, tu as tout laissé choir !
Il le frappe.

CATARINA.
Patience, je vous prie. C'était une maladresse involontaire.
PETRUCHIO.
C'est un fils de garce, une tête de bois, un gredin aux oreilles flasques... Viens t'asseoir, Cateau, je sais que tu as grand' faim. Veux-tu dire les grâces, douce Cateau, ou les dirai-je ? Qu'est ceci ? Du mouton ?
PREMIER VALET.
Oui, Monsieur.
PETRUCHIO.
Qui l'a apporté ?
PIERRE.
Moi.
PETRUCHIO.
Il est brûlé. Toute la viande est brûlée : chiens que vous êtes ! Où est ce maudit cuisinier ? Et comment osez-vous, coquins, apporter cette viande et me la servir en cet état, à moi qui la déteste ainsi ? Débarrassez-moi de tout cela, écuelles, verres et le reste !
Il leur lance tout le repas à la tête.
Butors négligents ! Lourdauds indécrottables ! Comment, vous grommelez ?... Je vous réglerai ce compte-là tout à l'heure !
Il les chasse tous de la pièce, sauf Curtis.

CATARINA.
De grâce, mon époux, cessez de vous tourmenter. Les viandes étaient fort bien cuites, ne vous en déplaise.
PETRUCHIO.
Je te le répète, Cateau, tout était brûlé et desséché, et la viande cuite ainsi m'est formellement interdite ; je ne dois pas y toucher : elle fait couler la bile, rend colérique et

THE TAMING OF THE SHREW

IV, I. 151

And better 'twere that both of us did fast—
Since, of ourselves, ourselves are choleric—
Than feed it with such over-roasted flesh...
Be patient, to-morrow't shall be mended,
And, for this night, we'll fast for company...
Come, I will bring thee to thy bridal chamber.

[*they go upstairs, followed by Curtis; the servants return 'severally,' by stealth.*

NATHANIEL.
Peter, didst ever see the like?
PETER.
He kills her in her own humour.

Curtis comes down.

GRUMIO.
Where is he?
CURTIS.
160 In her chamber, making a sermon of continency to her,
And rails and swears and rates, that she, poor soul,
Knows not which way to stand, to look, to speak,
And sits as one new-risen from a dream...
Away, away! for he is coming hither.

[*they fly from the room.
Petruchio appears in the gallery.*

PETRUCHIO.
Thus have I politicly begun my reign,
And 'tis my hope to end successfully:
My falcon now is sharp and passing empty,
And till she stoop, she must not be full-gorged,
For then she never looks upon her lure...
170 Another way I have to man my haggard,
To make her come and know her keeper's call:
That is, to watch her, as we watch these kites
That bate and beat and will not be obedient...
She eat no meat to-day, nor one shall eat;
Last night she slept not, nor to-night she shall not;
As with the meat, some undeservéd fault
I'll find about the making of the bed,
And here I'll fling the pillow, there the bolster,
This way the coverlet, another way the sheets:
180 Ay, and amid this hurly I intend

146

mieux vaudrait que nous jeûnions tous deux — puisque, colériques, nous le sommes déjà de notre naturel — que de nous nourrir de cette viande trop rôtie. Patience, tout cela s'arrangera demain. Pour ce soir, nous jeûnerons de compagnie. Viens, je vais te conduire à ta chambre nuptiale.

Ils sortent.
Les valets rentrent 'un à un', furtivement.

NATHANIEL.
Pierre, a-t-on jamais rien vu de pareil?
PIERRE.
Il la tue en lui empruntant son humeur.

Curtis redescend.

GRUMIO.
Où est-il?
CURTIS.
Dans la chambre de sa femme, à lui faire de grands discours sur la tempérance; il jure, sacre et tempête de telle façon que la pauvrette ne sait comment se tenir, où regarder, que dire, et reste pétrifiée comme au sortir d'un rêve... Sauve qui peut! Le voici qui revient!

Petruchio apparaît sur la galerie.

PETRUCHIO.
Voici comment j'inaugure la politique de mon règne, et j'ai l'espoir de réussir à la fin. J'ai affamé mon faucon, il a l'estomac bien vide et il ne sera pas nourri qu'il ne se soit plié à son devoir, car, s'il était repu, il ne jetterait pas un regard vers le leurre. Je connais un autre moyen pour dresser mon faucon sauvage et lui apprendre à venir à l'appel de son maître : c'est de le faire veiller, comme on fait veiller l'épervier qui résiste et bat des ailes et refuse d'obéir. Elle n'a rien mangé et ne mangera rien d'aujourd'hui; elle n'a pas dormi la nuit dernière, et cette nuit non plus elle ne fermera pas l'œil; de même que pour les mets, je trouverai quelque défaut imaginaire à la façon dont le lit est fait; je ferai voler l'oreiller d'un côté, le traversin de l'autre, la couverture par-ci, les draps par-là, et je jurerai au beau milieu de ce remue-ménage que la seule cause en est le soin

THE TAMING OF THE SHREW

IV, 1. 181

That all is done in reverend care of her.
And, in conclusion, she shall watch all night,
And, if she chance to nod, I'll rail and brawl,
And with the clamour keep her still awake...
This is a way to kill a wife with kindness;
And thus I'll curb her mad and headstrong humour...
He that knows better how to tame a shrew,
Now let him speak—'tis charity to show.

[*he returns to the bridal chamber.*

[IV, 2.] The public square in Padua

LUCENTIO (*as Cambio*) *and* BIANCA *seated beneath the trees reading a book;* TRANIO (*as Lucentio*) *and* HORTENSIO *come from a house the other side of the square.*

TRANIO.
Is't possible, friend Licio, that Mistress Bianca
Doth fancy any other but Lucentio?
I tell you, sir, she bears me fair in hand.
  HORTENSIO.
Sir, to satisfy you in what I have said,
Stand by, and mark the manner of his teaching.

[*they stand behind a tree.*

  LUCENTIO.
Now, mistress, profit you in what you read?
  BIANCA.
What, master, read you? first resolve me that.
  LUCENTIO.
I read that I profess, the Art to Love.
  BIANCA.
And may you prove, sir, master of your art!
  LUCENTIO.
10 While you, sweet dear, prove mistress of my heart.

[*they kiss.*

respectueux que j'ai d'elle. En conclusion, elle veillera toute la nuit; s'il lui arrive de somnoler, je braillerai et mènerai grand train afin, par mes clameurs, de la tenir toujours éveillée. Voilà comme on tue une femme par sollicitude et c'est ainsi que je viendrai à bout de son humeur violente et opiniâtre. Celui qui connaît un procédé meilleur pour apprivoiser une mégère, qu'il le dise : c'est charité de le faire connaître.

Il sort.

[IV, 2.]   A Padoue : la place publique

LUCENTIO *(en Cambio) et* BIANCA *lisent un livre ;* TRANIO *(en Lucentio) et* HORTENSIO *sortent d'une maison située de l'autre côté de la place.*

TRANIO.
Est-il possible, ami Licio, que Madame Bianca aime un autre homme que Lucentio ? Je vous assure, monsieur, qu'elle me donne bien des encouragements.

HORTENSIO.
Pour vous convaincre de ce que je vous dis, observez, monsieur, sans vous montrer, la façon dont il lui donne sa leçon.

LUCENTIO.
Dites-moi, maîtresse, vos lectures vous sont-elles profitables ?

BIANCA.
Et vous, maître, quelles sont vos lectures ? Répondez d'abord à cela.

LUCENTIO.
Je lis ce que je professe, à savoir l'Art d'Aimer.

BIANCA.
Puissiez-vous, monsieur, vous révéler maître en votre art!

LUCENTIO.
Tant que vous, tendre amie, vous révélerez maîtresse de mon cœur [52]!

Baiser.

THE TAMING OF THE SHREW

IV, 2. 11

HORTENSIO.
Quick proceeders, marry! Now, tell me, I pray,
You that durst swear that your mistress Bianca
Loved none in the world so well as Lucentio.
TRANIO.
O despiteful love! unconstant womankind!
I tell thee, Licio, this is wonderful.
HORTENSIO.
Mistake no more, I am not Licio,
Nor a musician, as I seem to be,
But one that scorn to live in this disguise,
For such a one as leaves a gentleman,
20 And makes a god of such a cullion:
Know, sir, that I am called Hortensio.
TRANIO.
Signior Hortensio, I have often heard
Of your entire affection to Bianca,
And since mine eyes are witness of her lightness,
I will with you, if you be so contented,
Forswear Bianca and her love for ever.
HORTENSIO.
See, how they kiss and court! Signior Lucentio,
Here is my hand, and here I firmly vow
Never to woo her more, but do forswear her,
30 As one unworthy all the former favours
That I have fondly flattered her withal.
TRANIO.
And here I take the like unfeignéd oath,—
Never to marry with her, though she would entreat.
Fie on her! see, how beastly she doth court him.
HORTENSIO.
Would all the world but he had quite forsworn!
For me, that I may surely keep mine oath,
I will be married to a wealthy widow,
Ere three days pass, which hath as long loved me,
As I have loved this proud disdainful haggard.
40 And so farewell, Signior Lucentio.
Kindness in women, not their beauteous looks,
Shall win my love—and so I take my leave,
In resolution as I swore before.

[*he goes; Tranio joins the lovers.*

LA MÉGÈRE APPRIVOISÉE

HORTENSIO.
Leurs progrès, morbleu, sont rapides! Qu'en dites-vous, vous qui osiez jurer que votre maîtresse Bianca n'aimait personne au monde autant que Lucentio?
TRANIO.
O, très trompeur amour! O, inconstance des femmes! Ceci est stupéfiant, Licio, je te l'assure.
HORTENSIO.
Cessez de vous méprendre : je ne m'appelle pas Licio, je ne suis pas non plus le musicien pour qui je me faisais passer, je suis un homme qui refuse de continuer à se déguiser et à jouer un rôle pour une femme qui délaisse un gentilhomme et fait un dieu d'un pareil manant. Sachez, monsieur, que mon nom est Hortensio.
TRANIO.
Signor Hortensio, j'ai souvent entendu louer votre grand amour pour Bianca; maintenant que mes yeux ont été témoins de sa légèreté, je veux avec vous, si tel est votre dessein, renoncer à jamais à l'amour de cette fille.
HORTENSIO.
Voyez comme ils se baisent et se caressent!... Signor Lucentio, voici ma main, je prends ici même l'engagement de ne lui plus faire la cour, et je la renie comme étant indigne de tous les hommages dont, jusqu'à ce jour, ma tendresse l'a flattée.
TRANIO.
Et moi, je fais ici serment, d'un cœur sincère, de ne jamais l'épouser quand elle m'en supplierait... Fi! Voyez avec quelle bestialité elle lui témoigne son goût.
HORTENSIO.
Elle mériterait que, sauf lui, le monde entier l'eût reniée! Quant à moi, afin d'être sûr de ne point me dédire, je veux, avant que trois jours se soient écoulés, me marier avec une riche veuve qui n'a cessé de m'adorer tandis que j'aimais cette dédaigneuse et arrogante oiselle. Adieu donc, Signor Lucentio. Désormais, c'est la bonté des femmes, non leur beauté, qui captivera mon cœur. Là-dessus, je vous quitte, décidé à tenir le serment que j'ai fait.

Il sort. Tranio va retrouver les amoureux.

THE TAMING OF THE SHREW

IV, 2. 44

TRANIO.
Mistress Bianca, bless you with such grace
As 'longeth to a lover's blessèd case!
Nay, I have ta'en you napping, gentle love,
And have forsworn you, with Hortensio.
BIANCA.
Tranio, you jest—but have you both forsworn me?
TRANIO.
Mistress, we have.
LUCENTIO.
          Then we are rid of Licio.
TRANIO.
50 I'faith, he'll have a lusty widow now,
That shall be wooed and wedded in a day.
BIANCA.
God give him joy!
TRANIO.
Ay, and he'll tame her.
BIANCA.
          He says so, Tranio.
TRANIO.
Faith, he is gone unto the taming-school.
BIANCA.
The taming-school! what, is there such a place?
TRANIO.
Ay, mistress, and Petruchio is the master,
That teacheth tricks eleven and twenty long,
To tame a shrew and charm her chattering tongue.

Biondello runs up.

BIONDELLO.
O master, master, I have watched so long
60 That I am dog-weary, but at last I spied
An ancient angel coming down the hill,
Will serve the turn.
TRANIO.
          What is he, Biondello?

TRANIO.
Que le Ciel vous accorde, Madame Bianca, toutes les grâces qui sont le lot des amants heureux! Ah! j'ai surpris votre tendre amour sournois et j'ai renoncé à vous, suivant l'exemple d'Hortensio.

BIANCA.
Tranio, tu plaisantes. Mais avez-vous vraiment tous les deux renoncé à moi?

TRANIO.
Oui, maîtresse.

LUCENTIO.
Nous voici donc débarrassés de Licio!

TRANIO.
C'est si vrai qu'il a déjà en vue une veuve gaillarde qui se laissera séduire et épouser en un jour.

BIANCA.
Que Dieu le tienne en joie!

TRANIO.
Car lui la tiendra bien en main!

BIANCA.
A ce qu'il dit, Tranio!

TRANIO.
Oh, sans conteste; sachez qu'il est parti pour l'école de dressage.

BIANCA.
Comment! Y a-t-il une école où l'on dresse les femmes?

TRANIO.
Oui, Madame, et Petruchio en est le maître. Il y enseigne des recettes qui tombent pile comme au trente et un [53] pour mater les mégères et exorciser leur langue diabolique.

Biondello entre en courant.

BIONDELLO.
Oh, maître, maître! J'ai monté si longtemps la garde que je suis fourbu comme un chien! Mais je viens enfin d'apercevoir sur la route un ange cacochyme [54] qui descend vers la ville : il nous convient parfaitement.

TRANIO.
Quel genre d'homme est-ce, Biondello?

IV, 2. 63

BIONDELLO.
Master, a mercatanté, or a pedant,
I know not what—but formal in apparel,
In gait and countenance surely like a father.
LUCENTIO.
And what of him, Tranio?
TRANIO.
If he be credulous, and trust my tale,
I'll make him glad to seem Vincentio,
And give assurance to Baptista Minola,
70 As if he were the right Vincentio.
Take in your love, and then let me alone.

[*Lucentio and Bianca enter the house of Baptista.
The Pedant comes up.*

PEDANT.
God save you, sir!
TRANIO.
                And you, sir! you are welcome.
Travel you far on, or are you at the farthest?
PEDANT.
Sir, at the farthest for a week or two,
But then up farther, and as far as Rome,
And so to Tripoli, if God lend me life.
TRANIO.
What countryman, I pray?
PEDANT.
                    Of Mantua.
TRANIO.
Of Mantua, sir? marry, God forbid!
And come to Padua, careless of your life?
PEDANT.
80 My life, sir! how, I pray? for that goes hard.
TRANIO.
'Tis death for any one in Mantua
To come to Padua. Know you not the cause?
Your ships are stayed at Venice, and the duke—
For private quarrel 'twixt your duke and him—
Hath published and proclaimed it openly:
'Tis marvel, but that you are newly come,
You might have heard it else proclaimed about.

BIONDELLO.
Maître, c'est un *mercatanté* ou quelque pédant, je ne sais ; mais la solennité de son vêtement, de son visage et de son allure lui donne à s'y méprendre l'air d'un père.
LUCENTIO.
Et qu'en veux-tu faire, Tranio ?
TRANIO.
S'il est naïf et croit à mon récit, il sera trop heureux de jouer le rôle de Vincentio, juste le temps de donner à Baptista Minola les garanties que lui donnerait le vrai Vincentio. Emmenez votre bien-aimée et laissez-moi seul.

Lucentio et Bianca entrent dans la maison.
Entre un Pédagogue.

LE PÉDAGOGUE.
Dieu vous garde, monsieur !
TRANIO.
Et vous de même ! Soyez le bienvenu. Passez-vous seulement ou êtes-vous parvenu ici au terme de votre voyage ?
LE PÉDAGOGUE.
J'y suis parvenu, monsieur, pour une semaine ou deux ; puis je repartirai et j'irai jusqu'à Rome ; ensuite à Tripoli, si Dieu me prête vie.
TRANIO.
Et vous êtes natif, dites-moi ?
LE PÉDAGOGUE.
De Mantoue.
TRANIO.
De Mantoue ! Juste Ciel ! Et vous venez à Padoue, Dieu vous garde ! Sans craindre pour votre vie ?
LE PÉDAGOGUE.
Pour ma vie ? Comment cela, monsieur, parlez : la chose est grave.
TRANIO.
Tout habitant de Mantoue, en venant à Padoue, signe son arrêt de mort. En ignorez-vous la raison ? Vos navires sont retenus à Venise et notre duc, à la suite d'une querelle privée avec le vôtre, a publié et fait proclamer partout cet édit. Il est surprenant — mais sans doute ne faites-vous qu'arriver — que vous n'ayez pas entendu cette proclamation.

THE TAMING OF THE SHREW

IV, 2. 88

PEDANT.
Alas, sir, it is worse for me than so!
For I have bills for money by exchange
90 From Florence, and must here deliver them.
TRANIO.
Well, sir, to do you courtesy,
This will I do, and this I will advise you—
First, tell me, have you ever been at Pisa?
PEDANT.
Ay, sir, in Pisa have I often been,
Pisa renownéd for grave citizens.
TRANIO.
Among them know you one Vincentio?
PEDANT.
I know him not, but I have heard of him;
A merchant of incomparable wealth.
TRANIO.
He is my father, sir, and sooth to say,
100 In count'nance somewhat doth resemble you.
(BIONDELLO.
As much as an apple doth an oyster, and all one.
TRANIO.
To save your life in this extremity,
This favour will I do you for his sake—
And think it not the worst of all your fortunes
That you are like to Sir Vincentio—
His name and credit shall you undertake,
And in my house you shall be friendly lodged.
Look that you take upon you as you should,
You understand me, sir: so shall you stay
110 Till you have done your business in the city:
If this be court'sy, sir, accept of it.
PEDANT.
O, sir, I do, and will repute you ever
The patron of my life and liberty.
TRANIO.
Then go with me to make the matter good.
This, by the way, I let you understand—
My father is here looked for every day,
To pass assurance of a dower in marriage
'Twixt me and one Baptista's daughter here:

LA MÉGÈRE APPRIVOISÉE

LE PÉDAGOGUE.
Hélas, monsieur, la chose est d'autant plus fâcheuse pour moi que je suis porteur de lettres de change dressées à Florence et que je devais escompter ici.
TRANIO.
Eh bien, monsieur, pour vous venir en aide, et par pure courtoisie, voici ce que je vais faire et ce que je vous conseille. D'abord, dites-moi : êtes-vous jamais allé à Pise ?
LE PÉDAGOGUE.
Oui, monsieur, je fus souvent à Pise, à Pise renommée pour la gravité de ses citoyens.
TRANIO.
Parmi ceux-là, connaissez-vous un certain Vincentio ?
LE PÉDAGOGUE.
Je ne l'ai pas rencontré, mais j'ai entendu parler de lui : c'est un marchand immensément riche.
TRANIO.
C'est mon père, monsieur, et à dire vrai, il vous ressemble un peu de visage.
(BIONDELLO.
Autant qu'une huître à une pomme, on s'y tromperait!
TRANIO.
Pour vous sauver la vie en cette extrémité, et pour l'amour de lui, je vais vous rendre ce service — vous verrez que de vos bonnes fortunes la moindre n'aura pas été cette ressemblance! Vous allez assumer ici son nom et son crédit, et vous logerez dans ma maison, en ami. De votre côté, veillez à bien jouer votre rôle, vous me comprenez, monsieur. Vous resterez chez moi jusqu'à ce que vous ayez terminé vos affaires. Si cette offre vous agrée, monsieur, acceptez-la.
LE PÉDAGOGUE.
Oh, bien volontiers, monsieur, et je vous tiendrai toujours pour le protecteur de ma vie et de ma liberté.
TRANIO.
Venez donc avec moi pour tout arranger. Mais, il faut en passant que je vous en instruise, mon père est attendu ici d'un jour à l'autre; il vient pour assurer un douaire à la fille d'un certain Baptista, de cette ville, que je me propose

IV, 2. 119

In all these circumstances I'll instruct you.
120 Go with me, sir, to clothe you as becomes you.

[*they go.*

[IV, 3.] The hall of Petruchio's house in the country

KATHARINA *and* GRUMIO.

GRUMIO.
No, no, forsooth, I dare not for my life.
KATHARINA.
The more my wrong, the more his spite appears.
What, did he marry me to famish me?
Beggars that come unto my father's door,
Upon entreaty have a present alms,
If not, elsewhere they meet with charity:
But I, who never knew how to entreat,
Nor never needed that I should entreat,
Am starved for meat, giddy for lack of sleep,
10 With oaths kept waking, and with brawling fed:
And that which spites me more than all these wants,
He does it under name of perfect love;
As who should say—if I should sleep or eat,
'Twere deadly sickness or else present death.
I prithee go, and get me some repast,
I care not what, so it be wholesome food.
GRUMIO.
What say you to a neat's foot?
KATHARINA.
'Tis passing good, I prithee let me have it.
GRUMIO.
I fear it is too choleric a meat.
20 How say you to a fat tripe finely broiled?
KATHARINA.
I like it well. Good Grumio, fetch it me.
GRUMIO.
I cannot tell, I fear 'tis choleric.
What say you to a piece of beef and mustard?

d'épouser. Je vous expliquerai les détails de l'affaire. Venez chez moi, monsieur, revêtir l'habit qui vous conviendra.

Ils sortent.

[IV, 3.]   La grande salle chez Petruchio

CATARINA *et* GRUMIO.

GRUMIO.
Non, non, je vous le jure, sur ma vie, je n'ose pas.
CATARINA.
Plus il me traite mal, mieux l'on voit éclater sa cruauté. Quoi! Ne m'a-t-il épousée que pour m'affamer? Les mendiants qui viennent à la porte de mon père reçoivent aussitôt l'aumône qu'ils implorent; la leur refuserait-on, ils trouveraient ailleurs la charité. Mais moi qui ne sus jamais implorer, moi qui n'eus jamais besoin d'implorer, je souffre cruellement de la faim, je chancelle par manque de sommeil, je suis nourrie de braillements et tenue éveillée par des jurons. Et ce qui m'exaspère plus encore que toutes ces privations, c'est qu'il me les inflige au nom d'un très parfait amour, comme si je courais, en dormant ou en mangeant, le risque d'une maladie mortelle ou d'une mort subite. Je t'en prie, va-t'en me quérir quelque nourriture, n'importe quoi, pourvu que ce soit chose saine.
GRUMIO.
Que diriez-vous d'un pied de bœuf?
CATARINA.
C'est un plat excellent. Va m'en chercher, je t'en supplie!
GRUMIO.
Je crains que ce ne soit une viande trop échauffante. Mais que penseriez-vous de tripes grasses bien grillées?
CATARINA.
Je les aime beaucoup. Bon Grumio, apporte-m'en!
GRUMIO.
Je ne sais trop : je crains fort que ce ne soit irritant. Mais peut-être prendriez-vous du filet de bœuf avec de la moutarde?

IV, 3. 24

KATHARINA.
A dish that I do love to feed upon.
GRUMIO.
Ay, but the mustard is too hot a little.
KATHARINA.
Why then, the beef, and let the mustard rest.
GRUMIO.
Nay then, I will not, you shall have the mustard,
Or else you get no beef of Grumio.
KATHARINA.
Then both or one, or any thing thou wilt.
GRUMIO.
30 Why then, the mustard without the beef.
KATHARINA.
Go, get thee gone, thou false deluding slave,
[*she 'beats him'*.
That feed'st me with the very name of meat.
Sorrow on thee and all the pack of you
That triumph thus upon my misery:
Go, get thee gone, I say.
'*Enter Petruchio and Hortensio with meat*'.
PETRUCHIO.
How fares my Kate? What, sweeting, all-amort?
HORTENSIO.
Mistress, what cheer?
KATHARINA.
Faith, as cold as can be.
PETRUCHIO.
Pluck up thy spirits, look cheerfully upon me.
Here, love, thou seest how diligent I am,
40 To dress thy meat myself, and bring it thee...
[*he sets the dish down; she falls to*.
I am sure, sweet Kate, this kindness merits thanks...
[*she eats*.
What, not a word? Nay then, thou lov'st it not;
And all my pains is sorted to no proof...
[*he snatches up the meat*.
Here, take away this dish.
KATHARINA.
I pray you, let it stand.

LA MÉGÈRE APPRIVOISÉE

CATARINA.
C'est un plat dont je me nourris avec délices.
GRUMIO
Diable, mais de la moutarde, n'est-ce pas un peu trop épicé ?
CATARINA.
Donne-moi donc le bœuf sans la moutarde!
GRUMIO.
Oh, mais non! Il faut que vous preniez la moutarde : Grumio ne donne pas le bœuf sans la moutarde.
CATARINA.
Donne donc les deux, ou l'un sans l'autre, ou tout ce que tu voudras!
GRUMIO.
Eh bien alors, ce sera la moutarde sans le bœuf.
CATARINA, *le battant*.
Hors d'ici! valet fourbe et trompeur, qui me rassasies avec des noms de nourritures. Malheur à toi et à toute cette meute qui se gausse ainsi de mon infortune! Allons, décampe, te dis-je!

'Entrent Petruchio et Hortensio portant des plats'.

PETRUCHIO.
Comment se porte[55] ma Catarina ? Quoi, ma jolie, toute dolente ?
HORTENSIO.
Vous portez-vous bien, Madame ?
CATARINA.
Aussi mal que possible.
PETRUCHIO.
Reprends tes esprits et fais-moi joyeuse mine. Vois, mon amour, quel est mon empressement : j'ai dressé ton repas moi-même et je te l'apporte.
Il pose le plat, elle se met à table.
Assurément, douce Cateau, mes bontés méritent un remerciement. Quoi, pas un mot! C'est donc que tu n'aimes pas ce mets et que j'ai pris toute cette peine en pure perte. Çà! Qu'on emporte ce plat!
CATARINA.
Je vous en prie, laissez-le là.

IV, 3. 45

PETRUCHIO
The poorest service is repaid with thanks,
And so shall mine before you touch the meat.
    KATHARINA.
I thank you, sir.

                                      [*he sets down the dish.*

    HORTENSIO.
Signior Petruchio, fie! you are to blame:
Come, Mistress Kate, I'll bear you company.

                                      [*he sits at the table.*

    (PETRUCHIO.
50 Eat it up all, Hortensio, if thou lovest me:
Much good do it unto thy gentle heart...
[*aloud*] Kate, eat apace; and now, my honey love,
Will we return unto thy father's house,
And revel it as bravely as the best,
With silken coats and caps and golden rings,
With ruffs and cuffs and fardingales, and things;
With scarfs and fans and double change of brav'ry,
With amber bracelets, beads, and all this knav'ry...
[*she looks up, and at a nod from him, Grumio swiftly removes
                                                the dishes.*
What, hast thou dined? The tailor stays thy leisure,
60 To deck thy body with his ruffling treasure...
            A tailor enters, with a gown upon his arm.
Come, tailor, let us see these ornaments.
Lay forth the gown...

[*the tailor spreads the gown upon the table; a haberdasher
                                    enters with a box.*

                     What news with you, sir?
    HABERDASHER [*opens the box*].
Here is the cap your worship did bespeak.
    PETRUCHIO [*seizes it roughly*].
Why, this was moulded on a porringer—
A velvet dish: fie, fie! 'tis lewd and filthy.
Why, 'tis a cockle or a walnut-shell,
A knack, a toy, a trick, a baby's cap:
                                [*he casts it into a corner.*
Away with it! come, let me have a bigger.
    KATHARINA.
I'll have no bigger, this doth fit the time,
70 And gentlewomen wear such caps as these.
    PETRUCHIO.
When you are gentle, you shall have one too,
And not till then.

LA MÉGÈRE APPRIVOISÉE

PETRUCHIO.
On paye d'un merci le plus petit service : vous ne toucherez à ces viandes qu'après m'avoir remercié.
CATARINA.
Je vous remercie, monsieur.
HORTENSIO.
Fi, Signor Petruchio, c'est vous le coupable. Madame Catarina, mangeons, je vais vous tenir compagnie.
Il s'assied à la table.

(PETRUCHIO.
Hortensio, si tu m'aimes, mange tout ce qui est là : et que ton cher cœur y prenne joie. *(Haut.)* Dépêche-toi, Cateau; et maintenant, mon amour, ma douce-comme-le-miel, nous allons retourner chez ton père pour y festoyer dans un équipage sans égal : aux cottes et coiffes de soie, collerettes et manchettes, vertugadins et fanfreluches, écharpes, éventails, costumes de rechange s'ajouteront des bagues d'or, des bracelets, des colliers d'ambre et autres colifichets.
Grumio rafle les plats.
Ah! tu as fini de dîner? Eh bien, le tailleur [56] attend ton bon plaisir pour te venir parer de ses trésors froufroutants.
Entre un tailleur, portant une robe sur le bras...
Avance, tailleur, montre-nous ces parures. Déploie la robe.
...puis un mercier portant une boîte.
Et vous, monsieur, quoi de neuf?
LE MERCIER, *ouvrant la boîte.*
Voici la coiffe [57] que Votre Honneur a commandée.
PETRUCHIO *s'en empare brutalement.*
Qu'est-ce à dire? On l'a moulée sur une écuelle!... Fi, fi!... C'est un pot de velours obscène et répugnant, un coquillage ou une coque de noix, un brimborion, un hochet, un attrape-nigaud, un béguin d'enfant! *(Il le jette dans un coin.)* Au diable! Donnez-m'en une plus grande.
CATARINA.
Je n'en veux pas de plus grande. Celle-ci est à la mode du jour; les dames de bon ton en portent de semblables.
PETRUCHIO.
Adoucis le tien et tu en auras une!

THE TAMING OF THE SHREW

IV, 3. 72

(HORTENSIO.
                    That will not be in haste.
KATHARINA.
Why, sir, I trust, I may have leave to speak,
And speak I will! I am no child, no babe—
Your betters have endured me say my mind,
And if you cannot, best you stop your ears.
My tongue will tell the anger of my heart,
Or else my heart concealing it will break,
And rather than it shall, I will be free,
80 Even to the uttermost, as I please, in words.
PETRUCHIO.
Why, thou say'st true—it is a paltry cap,
A custard-coffin, a bauble, a silken pie!
I love thee well, in that thou lik'st it not.
KATHARINA.
Love me or love me not, I like the cap,
And it I will have, or I will have none.
PETRUCHIO.
Thy gown? why, ay: come, tailor, let us see't...
    [*he goes to the table; Grumio dismisses the haberdasher.*
O mercy, God! what masquing-stuff is here?
What's this? a sleeve? 'tis like a demi-cannon.
What! up and down, carved like an apple-tart?
90 Here's snip and nip and cut and slish and slash,
Like to a censer in a barber's shop:
Why, what a devil's name, tailor, call'st thou this?
    (HORTENSIO.
I see she's like to have neither cap nor gown.
TAILOR.
You bid me make it orderly and well,
According to the fashion and the time.
PETRUCHIO.
Marry, and did; but if you be remembred,
I did not bid you mar it to the time...
Go, hop me over every kennel home,
For you shall hop without my custom, sir:
100 I'll none of it; hence, make your best of it.
KATHARINA.
I never saw a better-fashioned gown,

164

LA MÉGÈRE APPRIVOISÉE

(HORTENSIO.
Ce ne sera pas de sitôt.
CATARINA.
Or çà, monsieur, il me semble que j'ai le droit de parler, et je parlerai ! Je ne suis ni une petite fille, ni un bébé. De meilleurs que vous ont supporté ma franchise. Si vous ne le pouvez, bouchez-vous les oreilles. Il faut que ma langue dise le courroux que j'ai au cœur, et pour éviter que ce cœur trop lourdement chargé n'éclate, je me libérerai à ma guise et tant que je pourrai, en paroles.
PETRUCHIO.
Mais comme tu as raison ! Ce bonnet est affreux ! On croirait un chou à la crème, une brioche de soie, une marotte de fou ! Je t'aime, Cateau, de ne pas aimer cet objet.
CATARINA.
Aimez-moi ou ne m'aimez pas. Moi, j'aime cette coiffe, je la veux, je l'aurai et n'en aurai point d'autre.
PETRUCHIO.
Ta robe ? Ah, oui !... Tailleur, approche, approche. Montre-nous la robe.
Grumio renvoie le mercier.
Seigneur miséricordieux, qu'avons-nous là ? De la tarlatane [58] ! Qu'est ceci ? Une manche ? Non, c'est une bombarde. Quoi ! Découpée du haut en bas comme une tarte aux pommes ! Coupée, dépecée, tailladée, et cric et crac ! Aussi percée de trous qu'une chaufferette de barbier [59]. Quel nom de diable, tailleur, donnes-tu à ceci ?
(HORTENSIO.
Je vois qu'elle pourrait bien n'avoir ni coiffe, ni robe.
LE TAILLEUR.
Vous m'avez donné l'ordre de la faire comme il faut, soignée et bien au goût du temps...
PETRUCHIO.
Eh, morbleu, oui ! Mais rappelle-toi que je ne t'ai pas dit de la massacrer pour la fin des temps. Va, rentre chez toi en sautant tous les ruisseaux [60], car te voilà allégé, bonhomme, de ma pratique. Je n'en veux pas. Déguerpis. Fais-en ce qu'il te plaira.
CATARINA.
Je n'ai jamais vu robe mieux coupée, de meilleur air, plus

IV, 3. 102

More quaint, more pleasing, nor more commendable:
Belike you mean to make a puppet of me.
PETRUCHIO.
Why, true, he means to make a puppet of thee.
TAILOR.
She says your worship means to make a puppet of her.
PETRUCHIO.
O monstrous arrogance! Thou liest, thou thread, thou thimble,
Thou yard, three-quarters, half-yard, quarter, nail!
Thou flea, thou nit, thou winter-cricket thou!
110 Braved in mine own house with a skein of thread?
Away, thou rag, thou quantity, thou remnant,
Or I shall so be-mete thee with thy yard,
As thou shalt think on prating whilst thou livest!
I tell thee, I, that thou hast marred her gown.
TAILOR.
Your worship is deceived—the gown is made
Just as my master had direction:
Grumio gave order how it should be done.
GRUMIO.
I gave him no order, I gave him the stuff.
TAILOR.
But how did you desire it should be made?
GRUMIO.
120 Marry, sir, with needle and thread.
TAILOR.
But did you not request to have it cut?
GRUMIO.
Thou hast faced many things.
TAILOR.
I have.
GRUMIO.
Face not me: thou hast braved many men, brave not me;
I will neither be faced nor braved. I say unto thee, I bid thy master cut out the gown, but I did not bid him cut it to pieces: ergo, thou liest.
TAILOR.
Why, here is the note of the fashion to testify.
PETRUCHIO.
Read it.

réussie, et plus seyante, enfin, que cette robe-là. Voulez-vous faire de moi une marionnette?
PETRUCHIO.
C'est vrai, il veut faire de toi une marionnette.
LE TAILLEUR.
Elle dit que c'est vous, monseigneur, qui voulez faire d'elle une marionnette!
PETRUCHIO.
O monstrueuse impudence! Tu en as menti, dé à coudre, aiguillée de fil, aune, coudée, quartier, pouce! Tu mens, criquet, puce, œuf de pou! Me verrai-je braver jusque dans ma maison par un écheveau de coton? Hors d'ici, fausse coupe, haillon, rognure, ou je te vais si bien mesurer avec ton aune que de ta vie tu ne jacasseras plus de cet air important. Je te dis, moi, que tu as massacré sa robe.
LE TAILLEUR.
Votre Honneur se trompe. Mon maître a exécuté fidèlement les instructions données par Grumio, qui lui a dit comment il fallait faire la robe.
GRUMIO.
Moi! Je n'ai pas donné d'instructions, j'ai donné de l'étoffe.
LE TAILLEUR.
Mais comment avez-vous demandé qu'elle fût faite?
GRUMIO.
Parbleu, monsieur, avec une aiguille et du fil.
LE TAILLEUR.
Mais n'avez-vous pas commandé qu'elle fût taillée?
GRUMIO.
Tailleur, tu as toisé bien des choses?
LE TAILLEUR.
Oui.
GRUMIO.
Ne me toise pas. Tu es expert en braveries [61]? Ne me brave pas. Je ne veux pas qu'on me toise, ni qu'on me brave. En vérité, je te le dis, j'ai ordonné à ton maître de tailler la robe, non de la tailler en pièces, *ergo*, tu mens.
LE TAILLEUR.
Pour preuve de ce que je dis, voici la note de commande.
PETRUCHIO.
Lis-la toi-même.

THE TAMING OF THE SHREW

IV, 3. 130

GRUMIO.
130 The note lies in's throat, if he say I said so.
TAILOR [*reads*].
'Imprimis, a loose-bodied gown.'
GRUMIO.
Master, if ever I said loose-bodied gown, sew me in the skirts of it, and beat me to death with a bottom of brown thread: I said a gown.
PETRUCHIO.
Proceed.
TAILOR.
'With a small compassed cape'.
GRUMIO.
I confess the cape.
TAILOR.
'With a trunk sleeve.'
GRUMIO.
I confess two sleeves.
TAILOR.
140 'The sleeves curiously cut'.
PETRUCHIO.
Ay, there's the villainy.
GRUMIO.
Error i'th' bill, sir, error i'th' bill! I commanded the sleeves should be cut out, and sewed up again, and that I'll prove upon thee, though thy little finger be armed in a thimble.
TAILOR.
This is true that I say, an I had thee in place where, thou shouldst know it.
GRUMIO.
I am for thee straight: take thou the bill, give me thy meteyard, and spare not me.
HORTENSIO.
150 God-a-mercy, Grumio! then he shall have no odds.
PETRUCHIO.
Well, sir, in brief, the gown is not for me.
GRUMIO.
You are i'th' right, sir, 'tis for my mistress.

GRUMIO.
S'il dit que je l'ai dit, la note ment par la gorge.
LE TAILLEUR *lit*.
« Premièrement, une robe à corps relâché [62]. »
GRUMIO.
Maître, si j'ai jamais parlé de corps relâché, qu'on me couse dans les plis de cette jupe, que je sois battu à mort avec une quenouillée de fil brun : j'ai dit « une robe ».
PETRUCHIO.
Continue.
LE TAILLEUR.
« Avec un petit collet arrondi. »
GRUMIO.
Je confesse le collet.
LE TAILLEUR.
« Une manche très bouffante. »
GRUMIO.
Je confesse deux manches.
LE TAILLEUR.
« L'étoffe des manches délicatement découpée. »
PETRUCHIO.
Ah, voici la perfidie!
GRUMIO.
Erreur dans la commande, monsieur, erreur dans la commande! J'ai donné l'ordre que les manches fussent d'abord coupées, puis cousues, et cela, tailleur, j'en ferai la preuve, malgré le dé dont se cuirasse ton petit doigt.
LE TAILLEUR.
Ce que je dis est la vérité, et si je te tenais en un autre lieu je te le ferais savoir.
GRUMIO.
Je suis ton homme. Prends la note, passe-moi ton aune et ne me ménage pas.
HORTENSIO.
Dieu me pardonne, Grumio! Tu ne lui laisses pas l'avantage des armes [63].
PETRUCHIO.
Finissons-en. Monsieur, cette robe n'est pas pour moi.
GRUMIO.
Vous avez raison, Monsieur, elle est pour ma maîtresse.

THE TAMING OF THE SHREW

IV. 3. 153

PETRUCHIO.
Go, take it up unto thy master's use.
GRUMIO.
Villain, not for thy life: take up my mistress' gown for thy master's use!
PETRUCHIO.
Why, sir, what's your conceit in that?
GRUMIO.
O, sir, the conceit is deeper than you think for:
Take up my mistress' gown to his master's use!
O, fie, fie, fie!
(PETRUCHIO.
160 Hortensio, say thou wilt see the tailor paid...
[*aloud*] Go take it hence, be gone, and say no more.
(HORTENSIO.
Tailor, I'll pay thee for thy gown to-morrow.
Take no unkindness of his hasty words:
Away, I say. Commend me to thy master.

[*the tailor goes.*

PETRUCHIO.
Well, come my Kate, we will unto your father's,
Even in these honest mean habiliments:
Our purses shall be proud, our garments poor:
For 'tis the mind that makes the body rich,
And as the sun breaks through the darkest clouds,
170 So honour peereth in the meanest habit.
What, is the jay more precious than the lark,
Because his feathers are more beautiful?
Or is the adder better than the eel,
Because his painted skin contents the eye?
O, no, good Kate; neither art thou the worse
For this poor furniture, and mean array.
If thou account'st it shame, lay it on me.
And therefore frolic, we will hence forthwith,
To feast and sport us at thy father's house.
180 Go, call my men, and let us straight to him,
And bring our horses unto Long-lane end,
There will we mount, and thither walk on foot.
Let's see, I think 'tis now some seven o'clock,
And well we may come there by dinner-time.

170

LA MÉGÈRE APPRIVOISÉE

PETRUCHIO.
Allons, enlève-la, et que ton maître en use à sa guise.
GRUMIO.
Halte-là, maraud! Quoi, enlever la robe de ma maîtresse pour que son maître en use à sa guise!
PETRUCHIO.
Qu'est-ce à dire, Grumio, où est la facétie?
GRUMIO.
Oh, c'est bien plus sérieux qu'une facétie, Monsieur! Enlever la robe de ma maîtresse pour que son maître en use à sa guise! Fi! Fi! Fi!
(PETRUCHIO.
Hortensio, dis-lui que tu veilleras à ce que le tailleur soit payé... *(Haut.)* Allons, emporte ça et pars. Pas un mot de plus.
(HORTENSIO.
Tailleur, je passerai te payer cette robe demain. Ne t'offense pas de ses paroles vives. Va, te dis-je, et fais mes compliments à ton maître.

Sort le tailleur.

PETRUCHIO.
Et maintenant, venez, ma Cateau, nous irons voir votre père dans ces simples et honnêtes atours; nos bourses seront superbes si nos habits sont humbles, car c'est l'âme qui fait la richesse du corps; de même que les rayons du soleil percent les plus sombres nuages, de même l'honneur transparaît sous l'accoutrement le plus pauvre. Quoi, le geai serait-il plus précieux que l'alouette parce qu'il a de plus belles plumes? La vipère vaudrait-elle mieux que l'anguille parce que les diaprures de sa peau charment l'œil? Non, non, bonne Cateau! Tu ne perds rien de ton prix dans ce piètre équipage et cette modeste toilette. Si c'est une honte à tes yeux, rejette-la sur moi. En route, donc, et gaiement: nous allons chez ton père pour nous y réjouir et faire bombance. Va, appelle mes gens, car nous partons sur l'heure. Qu'on amène nos chevaux au bout de la Longue Avenue: nous nous y mettrons en selle. Nous irons à pied jusque-là. Voyons, je crois qu'il est environ sept heures, nous pourrons donc y être pour dîner.

IV, 3. 185

KATHARINA.
I dare assure you, sir, 'tis almost two,
And 'twill be supper-time ere you come there.
PETRUCHIO.
It shall be seven ere I go to horse:
Look, what I speak, or do, or think to do,
You are still crossing it. Sirs, let't alone,
190 I will not go to-day, and ere I do,
It shall be what o'clock I say it is.
HORTENSIO.
Why, so this gallant will command the sun.

[*they go.*

[IV, 4.]   The square in Padua

TRANIO *(as Lucentio) with 'the Pedant, dressed like Vincentio' and 'booted', as newly arrived from a journey, draws near the house of Baptista.*

TRANIO
Sir, this is the house—please it you that I call?
PEDANT.
Ay, what else? and but I be deceived
Signior Baptista may remember me,
Near twenty years ago, in Genoa,
Where we were lodgers at the Pegasus.
TRANIO.
'Tis well, and hold your own, in any case
With such austerity as 'longeth to a father.
PEDANT.
I warrant you...

Biondello approaches.

But, sir, here comes your boy.
'Twere good he were schooled.
TRANIO.
10 Fear you not him... Sirrah Biondello,
Now do your duty throughly, I advise you;
Imagine 'twere the right Vincentio.
BIONDELLO.
Tut, fear not me.

CATARINA.
J'ose vous assurer, monsieur, qu'il est près de deux heures. Nous n'arriverons pas avant le souper.
PETRUCHIO.
Et moi, je ne me mets en selle que s'il est sept heures. Vous le voyez, quoi que je dise, quoi que je fasse ou me propose de faire, vous êtes toujours à me contrecarrer... Laissez, mes amis. Je ne voyagerai pas aujourd'hui ; et quand je m'y déciderai, il sera l'heure qu'il me plaira de dire.
HORTENSIO.
Voici que ce luron prétend régenter le soleil !

Ils sortent.

[IV, 4.]   Padoue : la place publique

Entrent TRANIO *(habillé en Lucentio) et le 'Pédagogue habillé en Vincentio' et 'botté'.*

TRANIO.
Voici la maison, monsieur. Vous plaît-il que j'appelle ?
LE PÉDAGOGUE.
Eh oui ! Pourquoi pas ? Si je ne me trompe, le signor Baptista va se rappeler m'avoir vu, il y a près de vingt ans, à Gênes, où nous logions lui et moi à l'auberge de Pégase.
TRANIO.
Parfait. Mais, quoi qu'il arrive, comportez-vous toujours avec la gravité qui sied à un père.
LE PÉDAGOGUE.
Je vous assure...
                             Biondello approche.
Mais voici votre page. Il serait bon de lui faire la leçon.
TRANIO.
N'ayez pas d'inquiétude à son propos. Holà, Biondello, je t'avertis que c'est le moment de bien faire ton devoir. Figure-toi que Monsieur est le vrai Vincentio.
BIONDELLO.
Bah, n'ayez crainte.

IV, 4. 14

TRANIO.
But hast thou done thy errand to Baptista?
BIONDELLO.
I told him, that your father was at Venice,
And that you looked for him this day in Padua.
TRANIO.
Th'art a tall fellow; hold thee that to drink.
[*gives him money.*
*The door opens and Baptista comes out followed by Lucentio,
as Cambio.*
Here comes Baptista: set your countenance, sir.
Signior Baptista, you are happily met:
20 [*to the Pedant*] Sir, this is the gentleman I told you of.
I pray you, stand good father to me now,
Give me Bianca for my patrimony.
PEDANT.
Soft, son!
Sir, by your leave, having come to Padua
To gather in some debts, my son Lucentio
Made me acquainted with a weighty cause
Of love between your daughter and himself:
And for the good report I hear of you,
And for the love he beareth to your daughter,
30 And she to him, to stay him not too long,
I am content, in a good father's care,
To have him matched: and if you please to like
No worse than I, upon some agreement
Me shall you find ready and willing
With one consent to have her so bestowed:
For curious I cannot be with you,
Signior Baptista, of whom I hear so well.
BAPTISTA.
Sir, pardon me in what I have to say—
Your plainness and your shortness please me well:
40 Right true it is, your son Lucentio here
Doth love my daughter, and she loveth him,
Or both dissemble deeply their affections:
And therefore, if you say no more than this,
That like a father you will deal with him,
And pass my daughter a sufficient dower,
The match is made, and all is done—
Your son shall have my daughter with consent.
TRANIO.
I thank you, sir. Where then do you know best
We be affied and such assurance ta'en
50 As shall with either part's agreement stand.

TRANIO.
As-tu porté mon message à Baptista?
BIONDELLO.
Oui, je lui ai annoncé que votre père était à Venise et que vous l'attendiez aujourd'hui à Padoue.
TRANIO.
Bien. Tu es un malin compère. Voici pour boire. Tiens!
La porte s'ouvre.
Baptista sort, suivi de Lucentio habillé en Cambio.
Voici Baptista. Préparez votre visage, monsieur. Signor Baptista, nous nous rencontrons à propos. *(Au Pédagogue.)* Voici, monsieur, le gentilhomme dont je vous ai entretenu. Je vous en prie, montrez-vous bon père et donnez-moi Bianca en patrimoine.
LE PÉDAGOGUE.
Doucement, mon fils! Permettez, monsieur. Je suis venu à Padoue pour recueillir quelques sommes qui m'étaient dues, et mon fils Lucentio m'a instruit d'une grande affaire d'amour entre votre fille et lui. Or, vu le bien que j'entends dire de vous, vu l'amour que mon fils porte à votre fille et celui qu'elle a pour lui, et afin de ne pas le faire attendre trop longtemps, je consens, comme le doit un bon père, à ce qu'ils s'épousent; si ce mariage ne vous déplaît pas plus qu'à moi, vous me trouverez, quand nous nous serons mis d'accord sur quelques points, tout disposé et prêt à consentir à leur mariage : je ne saurais chicaner en ce qui vous concerne, Signor Baptista, dont j'entends dire tant de bien.
BAPTISTA.
Permettez-moi de vous dire, monsieur, que votre franchise et votre concision me plaisent fort. Il est très vrai que votre fils Lucentio, ici présent, aime ma fille et qu'il est aimé d'elle, à moins que tous les deux ne dissimulent profondément leurs sentiments. Il vous suffira donc de dire que vous en userez avec votre fils en bon père, que vous assurerez à ma fille un douaire suffisant, et le mariage est conclu, c'est chose faite : votre fils aura ma fille, avec mon consentement.
TRANIO.
Je vous rends grâces, monsieur. Où irons-nous, vous en êtes le meilleur juge, pour nous fiancer et dresser le contrat qui doit lier les deux parties?

IV, 4. 51

BAPTISTA.
Not in my house, Lucentio, for you know
Pitchers have ears and I have many servants,
Besides, old Gremio is heark'ning still,
And happily we might be interrupted.
TRANIO.
Then at my lodging, an it like you.
There doth my father lie; and there this night
We'll pass the business privately and well:
Send for your daughter by your servant here,
          [*he winks at Lucentio.*
My boy shall fetch the scrivener presently.
60 The worst is this, that, at so slender warning,
You are like to have a thin and slender pittance.
BAPTISTA.
It likes me well: Cambio, hie you home,
And bid Bianca make her ready straight:
And, if you will, tell what hath happenéd—
Lucentio's father is arrived in Padua,
And how she's like to be Lucentio's wife.

[*Lucentio moves away, but at a privy sign from Tranio he stands by among the trees.*

BIONDELLO.
I pray the gods she may, with all my heart!
TRANIO.
Dally not with the gods, but get thee gone...

          [*he beckons him to join Lucentio
          A serving-man opens the door of Tranio's lodging.*

Signior Baptista, shall I lead the way?
70 Welcome! one mess is like to be your cheer.
Come sir, we will better it in Pisa.
BAPTISTA.
I follow you.

[*Tranio, Baptista and the Pedant go in; Lucentio and Biondello come forward*

BIONDELLO.
Cambio.
LUCENTIO.
          What say'st thou, Biondello?

176

BAPTISTA.
Pas chez moi, Lucentio, car, vous le savez, les murs ont des oreilles, et j'ai de nombreux serviteurs; avec cela le vieux Gremio est toujours aux écoutes et il se pourrait que nous fussions interrompus.

TRANIO.
Eh bien, ce sera, s'il vous plaît, dans ma propre maison. C'est là que loge mon père et, dès ce soir, nous pourrons y régler l'affaire en privé, dans les formes. Faites prévenir votre fille par ce valet *(il fait un clin d'œil à Lucentio)* et mon page ira sur-le-champ chercher le tabellion. Le pire est que, faute d'avoir été prévenu à temps, vous risquez de faire chez moi maigre et pauvre chère.

BAPTISTA.
Cela me convient parfaitement. Cambio, rentrez au logis et priez Bianca de se tenir prête. Apprenez-lui, si vous voulez, ce qui se passe : dites-lui que le père de Lucentio vient d'arriver à Padoue et ajoutez qu'elle va sans doute devenir la femme de ce jeune gentilhomme.

Lucentio s'écarte, mais, sur un signe de Tranio, il demeure caché.

BIONDELLO.
Je prie les dieux qu'elle le devienne, oh, de tout mon cœur!

TRANIO.
Laisse les dieux tranquilles, et file!...

Sort Biondello.

Signor Baptista, permettez que je vous montre le chemin. Vous êtes le bienvenu! Un seul plat sera sans doute tout votre repas, mais nous ferons mieux à Pise. Venez, monsieur.

BAPTISTA.
Je vous suis.

Tranio, Baptista et le Pédagogue entrent dans la maison. Lucentio et Biondello s'avancent sur la scène.

BIONDELLO.
Cambio.

LUCENTIO.
Que dis-tu, Biondello?

THE TAMING OF THE SHREW

IV, 4. 74

BIONDELLO.
You saw my master wink and laugh upon you?
LUCENTIO.
Biondello, what of that?
BIONDELLO.
Faith nothing; but has left me here behind, to expound the meaning or moral of his signs and tokens.
LUCENTIO.
I pray thee, moralize them.
BIONDELLO.
Then thus... Baptista is safe, talking with the deceiving
80 father of a deceitful son.
LUCENTIO.
And what of him?
BIONDELLO.
His daughter is to be brought by you to the supper.
LUCENTIO.
And then?
BIONDELLO.
The old priest at Saint Luke's church is at your command at all hours.
LUCENTIO.
And what of all this?
BIONDELLO.
I cannot tell—except they are busied about a counterfeit assurance: take you assurance of her, 'cum privilegio ad imprimendum solum.' To th' church! take the priest,
90 clerk, and some sufficient honest witnesses...
If this be not that you look for, I have no more to say,
But bid Bianca farewell for ever and a day.

[*he turns to go.*

LUCENTIO.
Hear'st thou, Biondello?
BIONDELLO.
I cannot tarry: I knew a wench married in an afternoon as she went to the garden for parsley to stuff a rabbit—and

BIONDELLO.
Vous avez vu les sourires et les clignements d'yeux que vous adressait mon maître ?
LUCENTIO.
Oui, Biondello. Que voulait-il dire ?
BIONDELLO.
Rien, ma foi. Mais il m'a fait rester ici pour expliquer le sens et la moralité de ces signes et signaux.
LUCENTIO.
Voyons, s'il te plaît, cette moralité ?
BIONDELLO.
La voici... Baptista est là, en lieu sûr, à discuter avec le fallacieux père d'un imposteur de fils.
LUCENTIO.
Pourquoi parler de Baptista ?
BIONDELLO.
Sa fille lui doit être amenée par vous au moment du souper.
LUCENTIO.
Et après ?
BIONDELLO.
Le vieux prêtre de l'église Saint-Luc est à vos ordres à toute heure.
LUCENTIO.
La conclusion de tout cela ?
BIONDELLO.
Je n'en sais rien. Si ce n'est qu'ils sont tous occupés à dresser un faux contrat d'assurance mutuelle. Assurez-vous donc de la jeune fille, *cum privilegio ad imprimendum solum*. Trottez jusqu'à l'église! Prenez un prêtre, un clerc, quelques témoins d'une suffisante honnêteté. Si ce n'est pas l'occasion même que vous attendiez, je n'ai plus un mot à dire, sauf pour vous conseiller de faire à Bianca vos adieux éternels.

Il fait mine de se retirer.

LUCENTIO.
Écoute-moi, Biondello.
BIONDELLO.
Non, je n'ai pas le temps d'attendre. Je connais une fille qui s'est mariée un après-midi en allant au jardin chercher du persil pour farcir un lapin. Vous pouvez faire comme elle,

THE TAMING OF THE SHREW

IV, 4. 96

so may you, sir; and so adieu, sir. My master hath appointed me to go to Saint Luke's, to bid the priest be ready to come against you come with your appendix.

[*he runs off.*

LUCENTIO.
I may and will, if she be so contented:
100 She will be pleased, then wherefore should I doubt?
Hap what hap may, I'll roundly go about her;
It shall go hard, if Cambio go without her.

[*he goes.*

[IV, 5] A steep hill on the highway leading to Padua

PETRUCHIO, KATHARINA, HORTENSIO *and servants resting by the way.*

PETRUCHIO [*rises*].
Come on, a God's name! once more toward our father's...
Good Lord, how bright and goodly shines the moon!
KATHARINA.
The moon! the sun: it is not moonlight now.
PETRUCHIO.
I say it is the moon that shines so bright.
KATHARINA.
I know it is the sun that shines so bright.
PETRUCHIO.
Now by my mother's son, and that's myself,
It shall be moon, or star, or what I list,
Or ere I journey to your father's house...
[*to the servants*] Go on, and fetch our horses back again—
10 Evermore crossed and crossed, nothing but crossed!
(HORTENSIO.
Say as he says, or we shall never go.

Monsieur. Sur ce, adieu, Monsieur. Mon maître m'a enjoint d'aller à Saint-Luc dire au prêtre de se tenir prêt à venir dès que vous arriverez avec votre moitié.

Il sort en courant.

LUCENTIO.
Je le puis et je le veux pourvu que Bianca y consente. Elle y consentira : pourquoi douterais-je d'elle ? Advienne que pourra, je vais lui parler hardiment; Cambio ne reviendra pas sans elle, je m'en fais fort.

Il sort.

[IV, 5.] La grand-route de Padoue

PETRUCHIO, CATARINA, HORTENSIO *et quelques serviteurs se reposent au bord du chemin.*

PETRUCHIO, *se levant.*
En route, par Dieu, reprenons notre marche vers la maison de notre père !... Seigneur de bonté, de quel pur éclat la lune resplendit !
CATARINA.
La lune ! C'est le soleil. Il n'y a pas de clair de lune à cette heure-ci.
PETRUCHIO.
Je dis que c'est la lune qui brille de ce vif éclat.
CATARINA.
Je sais que c'est le soleil qui brille de ce vif éclat.
PETRUCHIO.
Ah, par le fils de ma mère, qui n'est autre que moi, ce sera la lune, une étoile, tout ce que je voudrai que cela soit, avant que je continue ma route pour aller chez ton père... *(Aux serviteurs.)* Allez, qu'on ramène nos chevaux ! Sans cesse contredit et contredit ! On ne fait que me contredire !
(HORTENSIO.
Dites comme lui, sans quoi nous n'arriverons jamais.

THE TAMING OF THE SHREW

IV, 5. 12

KATHARINA.
Forward, I pray, since we have come so far,
And be it moon, or sun, or what you please:
And if you please to call it a rush-candle,
Henceforth I vow it shall be so for me.
  PETRUCHIO.
I say it is the moon.
  KATHARINA.
              I know it is the moon.
  PETRUCHIO.
Nay, then you lie: it is the blessèd sun.
  KATHARINA.
Then, God be blessed, it is the blessèd sun.
But sun it is not, when you say it is not,
20 And the moon changes even as your mind :
What you will have it named, even that it is,
And so it shall be so, for Katharine.
  (HORTENSIO.
Petruchio, go thy ways, the field is won.
  PETRUCHIO.
Well, forward, forward! thus the bowl should run,
             [*he takes her arm.*
And not unluckily against the bias...
But soft, what company is coming here?
             *Vincentio, in travelling dress, is seen coming
             behind them up the hill.*
[*to Vincentio*] Good morrow, gentle mistress, where away?
Tell me, sweet Kate, and tell me truly too,
Hast thou beheld a fresher gentlewoman?
30 Such war of white and red within her cheeks!
What stars do spangle heaven with such beauty,
As those two eyes become that heavenly face?
Fair lovely maid, once more good day to thee:
Sweet Kate, embrace her for her beauty's sake.
  (HORTENSIO.
A' will make the man mad, to make a woman of him.
  KATHARINA.
Young budding virgin, fair and fresh and sweet,
Whither away, or where is thy abode?
Happy the parents of so fair a child;
Happier the man, whom favourable stars
40 Allot thee for his lovely bed-fellow!

182

LA MÉGÈRE APPRIVOISÉE

CATARINA.
Poursuivons, de grâce, puisque nous sommes venus jusqu'ici, que ce soit le soleil, la lune, ou ce qui vous plaira : votre caprice fût-il d'en faire une chandelle à mèche de jonc, je vous jure que désormais ce sera pour moi ce que vous dites.
PETRUCHIO.
Je dis que c'est la lune.
CATARINA.
Je sais que c'est la lune.
PETRUCHIO.
Eh bien, tu en as menti : c'est le soleil béni.
CATARINA.
Alors béni soit Dieu, c'est le soleil béni. Mais ce n'est plus le soleil quand vous dites que ce n'est pas lui, et la lune change pour peu que vous changiez d'idée : quel que soit le nom que vous lui donniez, ce nom est le sien et le sera toujours pour Catarina.
(HORTENSIO.
Repartons, Petruchio, vous voici maître du champ de bataille.
PETRUCHIO.
En route, donc! C'est ainsi que doit rouler la boule [64] *(il prend le bras de Catarina)* sans heurter ni buter maladroitement... Mais, doucement, qui vient là ?

On aperçoit derrière eux Vincentio en vêtements de voyage.

(A Vincentio.) Bonjour, gentille dame. Où allez-vous ainsi? Dis-moi, chère Catarina, et dis-moi franchement, vis-tu jamais demoiselle au teint plus frais ? Comme le rouge et le blanc se disputent ses joues! Quelles étoiles parsèment le ciel d'autant de beauté qu'en mettent ces deux yeux dans ce visage céleste? Aimable et belle demoiselle, encore une fois, bonjour. Douce Cateau, donne-lui un baiser pour sa beauté.
(HORTENSIO.
Il va rendre cet homme fou, à vouloir en faire une femme!
CATARINA.
Jeune vierge en fleur, belle, fraîche et suave, où vas-tu et où est ta demeure ? Heureux sont les parents d'une aussi ravissante enfant. Plus heureux encore l'homme à qui les astres favorables te destinent comme tendre compagne de lit!

PETRUCHIO.
Why, how now, Kate! I hope thou art not mad.
This is a man, old, wrinkled, faded, withered,
And not a maiden, as thou say'st he is.
KATHARINA.
Pardon, old father, my mistaking eyes,
That have been so bedazzled with the sun,
That every thing I look on seemeth green:
Now I perceive thou art a reverend father;
Pardon, I pray thee, for my mad mistaking.
PETRUCHIO.
Do, good old grandsire, and withal make known
50 Which way thou travellest—if along with us,
We shall be joyful of thy company.
VINCENTIO.
Fair sir, and you my merry mistress,
That with your strange encounter much amazed me:
[he bows.

My name is called Vincentio, my dwelling Pisa,
And bound I am to Padua, there to visit
A son of mine, which long I have not seen.
PETRUCHIO.
What is his name?
VINCENTIO.
              Lucentio, gentle sir.
PETRUCHIO.
Happily met—the happier for thy son...
And now by law, as well as reverend age,
60 I may entitle thee my loving father.
The sister to my wife, this gentlewoman,
Thy son by this hath married... Wonder not,
Nor be not grieved—she is of good esteem,
Her dowry wealthy, and of worthy birth;
Beside, so qualified as may beseem
The spouse of any noble gentleman...
Let me embrace with old Vincentio,

[they embrace.

And wander we to see thy honest son,
Who will of thy arrival be full joyous.
VINCENTIO.
70 But is this true? or is it else your pleasure,
Like pleasant travellers, to break a jest
Upon the company you overtake?
HORTENSIO.
I do assure thee, father—so it is.

PETRUCHIO.
Qu'est-ce à dire, Catarina! Tu n'es pas folle, j'espère : c'est un vieillard ridé, fané, desséché, et non une fraîche vierge comme tu le dis.
CATARINA.
Pardonnez, digne vieillard, à mes yeux abusés : le soleil les a si fort éblouis que tout ce qu'ils voient leur paraît vert. Je m'aperçois maintenant que vous êtes un vénérable patriarche. Excusez, je vous en prie, ma folle méprise.
PETRUCHIO.
Oui, pardon, bon grand-père. Dis-nous le but de ton voyage, car si nous suivons la même route, nous serons heureux de ta compagnie.
VINCENTIO.
Beau cavalier, et vous ma charmante dame, qui m'avez si étrangement surpris par votre façon de m'aborder *(il salue)*, mon nom est Vincentio, ma demeure est à Pise, et je me rends à Padoue, pour y trouver mon fils que je n'ai pas vu depuis longtemps.
PETRUCHIO.
Quel est son nom ?
VINCENTIO.
Lucentio, noble sire.
PETRUCHIO.
Quelle heureuse rencontre! Et plus heureuse encore pour ton fils. Sache que la loi, autant que ton âge vénérable, m'autorise à t'appeler mon père bien-aimé. La sœur de ma femme, cette noble dame que tu vois, vient en effet d'épouser ton fils. N'en sois ni surpris, ni anxieux : elle est fille de bonne renommée, richement dotée et de naissance honorable, douée en outre de qualités qui conviendraient à l'épouse du plus noble gentilhomme. Embrassons-nous, vieux Vincentio, et partons ensemble. Nous allons voir ton estimable fils, que ton arrivée va combler de joie.
VINCENTIO.
Tout cela est-il vrai ? Ou prenez-vous plaisir, en voyageurs qui cherchent à se distraire, à vous gausser des gens que vous rencontrez sur la route ?
HORTENSIO.
Je t'assure, vieillard, que c'est la vérité.

IV, 5. 74

PETRUCHIO.
Come, go along, and see the truth hereof,
For our first merriment hath made thee jealous.

[*they move on.*

(HORTENSIO.
Well, Petruchio, this hath put me in heart...
Have to my widow! and if she be froward,
Then hast thou taught Hortensio to be untoward.

[*he follows up the hill.*

[V, 1.]   The square in Padua

GREMIO *seated under the trees, nodding; the door of Baptista's house opens softly;* BIONDELLO, LUCENTIO *(in his proper habit) and* BIANCA *(muffled) steal forth.*

BIONDELLO [*whispers*].
Softly and swiftly, sir, for the priest is ready.
LUCENTIO.
I fly, Biondello: but they may chance to need thee at home, therefore leave us.

[*he and Bianca pass swiftly from the square.*
BIONDELLO [*follows*].
Nay, faith, I'll see the church o'your back, and then come back to my master's as soon as I can.
GREMIO [*rouses*].
I marvel Cambio comes not all this while.

'*Petruchio, Katharina, Vincentio, and Grumio with attendants*' *enter the square and approach the house where Tranio lodges.*

PETRUCHIO.
Sir, here's the door, this is Lucentio's house.
My father's bears more toward the market-place,
Thither must I, and here I leave you, sir.
VINCENTIO.
10 You shall not choose but drink before you go;

PETRUCHIO.
Allons, viens avec nous, tu verras que je dis vrai, puisque nos badinages de tout à l'heure t'ont rendu méfiant.

Ils continuent leur voyage.

(HORTENSIO.
Bravo, Petruchio. Ceci m'a redonné courage... Je cours chez ma veuve; tu m'as enseigné, si elle me résiste, à me montrer plus intraitable qu'elle.

Il suit les autres.

[V, I.]   Padoue. La place

GREMIO, *puis* BIONDELLO, LUCENTIO
et BIANCA.

BIONDELLO, *à mi-voix.*
Sans bruit et lestement, Monsieur, car le prêtre vous attend.
LUCENTIO.
J'y vole, Biondello. Mais quitte-nous, car on pourrait avoir besoin de toi à la maison.

Bianca et Lucentio sortent rapidement.

BIONDELLO, *les suivant.*
Non, certes. Je veux voir le toit de l'église sur vos têtes. Je reviendrai ensuite aussi vite que possible auprès de mon maître.
GREMIO.
Il est très surprenant que Cambio ne soit pas encore là.

Entrent 'Petruchio, Catarina, Vincentio, Grumio et des serviteurs'.

PETRUCHIO.
Voici la porte, monsieur. C'est ici la maison de Lucentio. Celle de mon père est plus loin, vers la place du marché. Il faut que je m'y rende : je vous laisserai donc ici.
VINCENTIO.
Vous ne me quitterez pas sans que nous ayons bu ensemble.

THE TAMING OF THE SHREW

V, I. 11

I think I shall command your welcome here,
And by all likelihood some cheer is toward.

[*he 'knocks'.*

GREMIO [*comes forward*].
They're busy within, you were best knock louder.

[*Petruchio raps soundly.
The 'Pedant looks out of the window' above the door.*

PEDANT.
What's he that knocks as he would beat down the gate?
VINCENTIO.
Is Signior Lucentio within, sir?
PEDANT.
He's within, sir, but not to be spoken withal.
VINCENTIO.
What if a man bring him a hundred pound or two, to make merry withal?
PEDANT.
Keep your hundred pounds to yourself, he shall need none,
20 so long as I live.
PETRUCHIO.
Nay, I told you your son was well beloved in Padua... Do you hear, sir?—to leave frivolous circumstances, I pray you tell Signior Lucentio that his father is come from Pisa, and is here at the door to speak with him.
PEDANT.
Thou liest, his father is come from † Mantua, and is here looking out at the window.
VINCENTIO.
Art thou his father?
PEDANT.
Ay, sir, so his mother says, if I may believe her.
PETRUCHIO [*to Vincentio*].
Why, how now, gentleman! why, this is flat knavery,
30 to take upon you another man's name.

188

Je crois pouvoir vous promettre bon accueil ici, et selon toute vraisemblance, on y festoie.

Il 'frappe'.

GREMIO *s'approche.*
Ils sont très occupés là-dedans. Vous devriez frapper plus fort.

Petruchio frappe à grands coups.
Le 'Pédagogue apparaît à la fenêtre'.

LE PÉDAGOGUE.
Qui donc cogne comme s'il voulait enfoncer la porte?
VINCENTIO.
Le signor Lucentio est-il au logis, monsieur?
LE PÉDAGOGUE.
Il est au logis, monsieur, mais on ne peut lui parler.
VINCENTIO.
Même si quelqu'un lui apportait cent ou deux cents livres pour ses menus plaisirs?
LE PÉDAGOGUE.
Gardez vos cent livres par-devers vous; il n'en aura, tant que je vivrai, aucun besoin.
PETRUCHIO.
Ne vous l'ai-je pas dit? Votre fils est très estimé à Padoue. Entendez-vous, monsieur? Pour en finir avec ces propos oiseux, je vous prie d'avertir le signor Lucentio que son père vient d'arriver de Pise et qu'il attend devant la porte pour lui parler.
LE PÉDAGOGUE.
Tu mens, son père est déjà arrivé de Mantoue et c'est lui-même qui regarde par cette fenêtre.
VINCENTIO.
Tu es son père?
LE PÉDAGOGUE.
Oui, monsieur, à ce que dit sa mère, si je puis l'en croire.
PETRUCHIO, *à Vincentio.*
Comment ça, monsieur! Que signifie? Vous êtes un fieffé coquin d'usurper ainsi le nom d'un autre!

THE TAMING OF THE SHREW

V, I. 31

PEDANT.
Lay hands on the villain! I believe, a' means to cozen somebody in this city under my countenance.

Biondello returns.

(BIONDELLO.
I have seen them in the church together, God send 'em good shipping...But who is here? mine old master Vincentio! now we are undone, and brought to nothing.
VINCENTIO [*sees Biondello*].
Come hither, crack-hemp.
BIONDELLO [*passing by*].
I hope I may choose, sir.
VINCENTIO [*seizes him*].
Come hither, you rogue. What, have you forgot me?
BIONDELLO.
Forgot you? no, sir: I could not forget you, for I never
40 saw you before in all my life.
VINCENTIO.
What, you notorious villain, didst thou never see thy master's father, Vincentio?
BIONDELLO.
What, my old, worshipful old master? yes, marry, sir—see where he looks out of the window.
VINCENTIO.
Is't so, indeed?

[*'he beats Biondello'.*

BIONDELLO.
Help, help, help! here's a madman will murder me.

[*he runs away.*

PEDANT.
Help, son! help, Signior Baptista!

[*he shuts the window.*

PETRUCHIO.
Prithee, Kate, let's stand aside, and see the end of this controversy.

[*they sit beneath the trees.
The 'Pedant with servants, Baptista and Tranio' come from
the house, having sticks in their hands.*

190

LA MÉGÈRE APPRIVOISÉE

LE PÉDAGOGUE.
Saisissez-vous de ce drôle! Je pense qu'il se fait passer pour moi dans le but de duper quelqu'un de cette ville.

Entre Biondello.

(BIONDELLO.
Je les ai vus ensemble à l'église. Puisse Dieu les mener à bon port... Mais qui va là? Mon vieux maître Vincentio! Nous sommes perdus, anéantis...
VINCENTIO *aperçoit Biondello.*
Arrive ici, gibier de potence!
BIONDELLO.
Je viendrai si ça me plaît, monsieur.
VINCENTIO *le prend au collet.*
Arrive ici, chenapan. Comment, m'as-tu oublié?
BIONDELLO.
Oublié? Non, monsieur. Je ne puis vous oublier, ne vous ayant vu de ma vie.
VINCENTIO.
Quoi, insigne coquin, n'as-tu jamais vu Vincentio, le père de ton maître?
BIONDELLO.
Qui? Mon vieux, mon vénérable vieux maître? Si fait, monsieur. Le voilà qui regarde par la croisée.
VINCENTIO.
Ah, vraiment!

'Il le bat'.

BIONDELLO.
Au secours, au secours, au secours! Un fou veut m'assassiner!

Biondello s'enfuit en courant.

LE PÉDAGOGUE.
A l'aide, mon fils! A l'aide, Signor Baptista!

Il ferme la fenêtre.

PETRUCHIO.
Je t'en prie, Cateau, mettons-nous à l'écart et voyons la fin de cette querelle.

Le 'Pédagogue entouré de serviteurs' armés de bâtons, puis 'Baptista et Tranio' sortent de la maison.

THE TAMING OF THE SHREW

V, I. 50

TRANIO.
50 Sir, what are you, that offer to beat my servant?
VINCENTIO.
What am I, sir! nay, what are you, sir? O immortal gods! O fine villain! A silken doublet, a velvet hose, a scarlet cloak, and a copatain hat! O, I am undone, I am undone! while I play the good husband at home, my son and my servant spend all at the university.
TRANIO.
How now! what's the matter?
BAPTISTA.
What, is the man lunatic?
TRANIO.
Sir, you seem a sober ancient gentleman by your habit: but your words show you a madman...Why, sir, what 'cerns
60 it you, if I wear pearl and gold? I thank my good father, I am able to maintain it.
VINCENTIO.
Thy father! O, villain, he is a sail-maker in Bergamo.
BAPTISTA.
You mistake, sir—you mistake, sir—pray, what do you think is his name?
VINCENTIO.
His name! as if I knew not his name: I have brought him up ever since he was three years old, and his name is Tranio.
PEDANT.
Away, away, mad ass! his name is Lucentio, and he is mine only son, and heir to the lands of me, Signior Vincentio.
VINCENTIO.
70 Lucentio! O, he hath murdered his master! Lay hold on him, I charge you, in the duke's name... O, my son, my son... Tell me, thou villain, where is my son Lucentio?
TRANIO.
Call forth an officer...

An officer comes up.

LA MÉGÈRE APPRIVOISÉE

TRANIO.
Qui êtes-vous donc, monsieur, vous qui menacez de battre mes gens ?
VINCENTIO.
Qui je suis, monsieur ? Mais qui donc êtes-vous vous-même, monsieur ? O Dieux immortels, voyez l'élégant gredin ! Pourpoint de soie, hauts-de-chausses de velours, chape écarlate et chapeau en pain de sucre ! Oh, me voici ruiné ! C'en est fait de moi ! Tandis qu'à la maison, j'administrais le patrimoine, mon fils et mon valet dépensaient tout à l'université.
TRANIO.
Comment ? Que signifie ?
BAPTISTA.
Cet homme est-il dément ?
TRANIO.
Monsieur, vos habits sont ceux d'un homme vénérable et sensé, mais vos discours montrent bien que vous avez perdu l'esprit... Si je porte des perles et de l'or, en quoi cela vous concerne-t-il ? C'est grâce à mon bon père et je l'en remercie.
VINCENTIO.
Ton père ! Canaille ! Ton père est fabricant de voiles à Bergame !
BAPTISTA.
Vous faites erreur, monsieur, vous faites erreur. Quel est son nom selon vous, je vous prie ?
VINCENTIO.
Son nom ! Comme si je ne savais pas son nom ! Il est à ma charge depuis l'âge de trois ans, et son nom est Tranio.
LE PÉDAGOGUE.
Au diable, au diable, idiot sénile ! Son nom est Lucentio, il est mon fils unique et l'héritier de tout ce que je possède, moi, le seigneur Vincentio.
VINCENTIO.
Lucentio ! Oh, il a assassiné son maître ! Emparez-vous de lui, je vous en conjure au nom du duc ! Oh, mon fils, mon fils ! Dis-moi, scélérat, où est mon fils Lucentio ?
TRANIO.
Qu'on appelle un garde !

Un officier s'approche.

V, I. 74

Carry this mad knave to the gaol...Father Baptista, I charge you see that he be forthcoming.
VINCENTIO.
Carry me to the gaol!
GREMIO.
Stay, officer. He shall not go to prison.
BAPTISTA.
Talk not, Signior Gremio; I say he shall go to prison.
GREMIO.
Take heed, Signior Baptista, lest you be cony-catched in
80 this business; I dare swear this is the right Vincentio.
PEDANT.
Swear, if thou darest.
GREMIO.
Nay, I dare not swear it.
TRANIO.
Then thou wert best say that I am not Lucentio.
GREMIO.
Yes, I know thee to be Signior Lucentio.
BAPTISTA.
Away with the dotard, to the gaol with him!
VINCENTIO.
Thus strangers may be halèd and abused... O monstrous villain!

Biondello returns with Lucentio and Bianca.

BIONDELLO.
O, we are spoiled, and—yonder he is! Deny him, forswear him, or else we are all undone.
LUCENTIO ['*kneels*'].
90 Pardon, sweet father.
VINCENTIO.
                    Lives my sweet son?

Biondello, Tranio, and Pedant run 'as fast as may be' into Lucentio's house.

BIANCA [*kneels*].
Pardon, dear father.

Emmenez ce coquin de fou en prison. Baptista, mon père, veillez je vous en prie, à ce qu'il comparaisse.
VINCENTIO.
Me jeter en prison!
GREMIO.
Arrêtez, officier! Il n'ira pas en prison.
BAPTISTA.
Silence, Signor Gremio; je vous dis qu'il ira en prison.
GREMIO.
Prenez garde, Signor Baptista. Je crains que vous ne soyez dupe en cette affaire. Je jurerais, moi, qu'il est le vrai Vincentio.
LE PÉDAGOGUE.
Jure-le, si tu l'oses.
GREMIO.
Non, je n'ose pas le jurer.
TRANIO.
Tu pourrais aussi bien dire que je ne suis pas Lucentio.
GREMIO.
Eh! si, je sais que tu es le signor Lucentio.
BAPTISTA.
Au diable le vieux radoteur! Qu'on le jette en prison sans plus de délai.
VINCENTIO.
Faut-il que les étrangers soient ainsi maltraités et insultés! O monstrueuse canaille!

Biondello revient, accompagné de Lucentio et de Bianca.

BIONDELLO.
Oui, nous sommes perdus... Oh, le voici! Reniez-le, désavouez-le ou c'en est fait de nous.
LUCENTIO, *'s'agenouillant' devant Vincentio.*
Pardon, mon bon père...
VINCENTIO.
Mon bon fils est donc vivant?

Biondello, Tranio et le Pédagogue se réfugient 'aussi vite qu'ils peuvent' dans la maison de Lucentio.

BIANCA, *s'agenouillant devant Baptista.*
Pardon, mon cher père.

THE TAMING OF THE SHREW

V, I. 91

BAPTISTA.
                How hast thou offended?
Where is Lucentio?
LUCENTIO.
                Here's Lucentio,
Right son to the right Vincentio,
That have by marriage made thy daughter mine,
While counterfeit supposes bleared thine eyne.
GREMIO.
Here's packing, with a witness, to deceive us all!
VINCENTIO.
Where is that damnéd villain, Tranio,
That faced and braved me in this matter so?
BAPTISTA.
Why, tell me, is not this my Cambio?
BIANCA.
Cambio is changed into Lucentio.
LUCENTIO.
Love wrought these miracles. Bianca's love
Made me exchange my state with Tranio,
While he did bear my countenance in the town,
And happily I have arrived at last
Unto the wishéd haven of my bliss...
What Tranio did, myself enforced him to;
Then pardon him, sweet father, for my sake.
VINCENTIO.
I'll slit the villain's nose, that would have sent me to the gaol.
BAPTISTA.
But do you hear, sir? have you married my daughter without asking my good will?
VINCENTIO.
Fear not, Baptista—we will content you, go to: but I will in, to be revenged for this villainy.

[*he forces open the door of Lucentio's house and goes within.*

BAPTISTA.
And I, to sound the depth of this knavery.

[*he enters his own house.*

LUCENTIO.
Look not pale, Bianca—thy father will not frown.

[*they follow Baptista.*

BAPTISTA.
Quelle faute as-tu donc commise ?... Où est Lucentio ?
LUCENTIO.
C'est moi qui suis Lucentio, le vrai fils du vrai Vincentio, et je viens par mariage de faire mienne ta fille, tandis que des personnages travestis abusaient tes yeux.
GREMIO.
C'est un complot manifeste pour nous tromper tous!
VINCENTIO.
Où est ce maudit coquin de Tranio qui m'a bravé avec tant d'insolence en cette occasion ?
BAPTISTA.
Mais, dites-moi, n'est-ce pas là mon Cambio ?
BIANCA.
Cambio s'est métamorphosé en Lucentio.
LUCENTIO.
C'est l'amour qui a opéré ces miracles. Par amour pour Bianca, j'avais pris l'état de Tranio, tandis qu'il se faisait passer pour moi dans la ville. Et c'est ainsi que je pus enfin atteindre le havre tant désiré de mon ineffable bonheur... Ce qu'a fait Tranio, il l'a fait sur mon ordre. Pardonnez-lui donc, mon bon père, pour l'amour de moi.
VINCENTIO.
Je couperai le nez de ce pendard qui voulait m'envoyer en prison.
BAPTISTA.
Mais, dites-moi, monsieur ? Avez-vous épousé ma fille sans me demander mon consentement ?
VINCENTIO.
N'ayez aucune crainte, Baptista, nous vous satisferons, vous le verrez. Mais il faut d'abord que j'entre pour me venger de cet outrage.

Il entre chez Lucentio.

BAPTISTA.
Et moi pour sonder la profondeur de cette scélératesse.

Il rentre chez lui.

LUCENTIO.
Ne pâlis pas, Bianca, ton père nous fera bon visage.

Lucentio et Bianca suivent Baptista.

THE TAMING OF THE SHREW

v, 1. 116

GREMIO.
My cake is dough, but I'll in among the rest,
Out of hope of all but my share of the feast.

> [*he follows likewise.*
> *Petruchio and Katharina rise.*

KATHARINA.
Husband, let's follow, to see the end of this ado.
PETRUCHIO.
First kiss me, Kate, and we will.
KATHARINA.
120 What, in the midst of the street?
PETRUCHIO.
What, art thou ashamed of me?
KATHARINA.
No, sir, God forbid—but ashamed to kiss.
PETRUCHIO.
Why, then let's home again... [*to Grumio*] Come, sirrah, let's away.

KATHARINA.
Nay, I will give thee a kiss, now pray thee, love, stay.

> [*they kiss.*

PETRUCHIO.
Is not this well? Come, my sweet Kate.
Better once than never, for never too late.

[*they enter the house of Baptista, she leaning upon his arm.*

[v, 2.] A room in Lucentio's house

Doors are opened by servants and there enter BAPTISTA *and* VINCENTIO, GREMIO *and the Pedant,* LUCENTIO *and* BIANCA, PETRUCHIO *and* KATHARINA, HORTENSIO *and the Widow;* 'the serving-men with TRANIO bringing in a banquet'.

LUCENTIO.
At last, though long, our jarring notes agree,
And time it is when raging war is done,

GREMIO.
J'ai perdu la partie. Mais je vais me joindre aux autres, car le seul espoir qui me reste est de prendre part au festin.

Il les suit.
Petruchio et Catarina se lèvent.

CATARINA.
Suivons-les, mon époux, pour voir la fin de cet imbroglio.
PETRUCHIO.
Suivons-les, mais d'abord, ma Cateau, un baiser.
CATARINA.
Quoi, au milieu de la rue!
PETRUCHIO.
Quoi, rougirais-tu de moi?
CATARINA.
A Dieu ne plaise, monsieur : c'est de donner un baiser qui me fait rougir.
PETRUCHIO.
Dans ce cas, rentrons chez nous! *(A Grumio.)* Allons, drôle, nous repartons!
CATARINA.
Oh, non! je vais te donner un baiser. A présent, restons, mon amour, je t'en prie.
PETRUCHIO.
N'est-ce pas bien ainsi? Viens, ma tendre Cateau. Mieux vaut tard que jamais, il n'est jamais trop tard.

Ils entrent chez Baptista.

[V, 2.]　　　　　　Une salle chez Lucentio

Les serviteurs ouvrent les portes pour laisser entrer BAPTISTA *et* VINCENTIO, GREMIO *et le Pédagogue,* LUCENTIO *et* BIANCA, PETRUCHIO *et* CATARINA, HORTENSIO *et la Veuve; 'les valets,* TRANIO *parmi eux, apportent les desserts'.*

LUCENTIO.
Après tant de discordances, voici que nous avons enfin trouvé l'harmonie, et l'heure vient, lorsqu'une guerre furieuse se

THE TAMING OF THE SHREW

V, 2. 3

To smile at scapes and perils overblown...
My fair Bianca, bid my father welcome,
While I with self-same kindness welcome thine:
Brother Petruchio, sister Katharina,
And thou, Hortensio, with thy loving widow,
Feast with the best, and welcome to my house.
My banquet is to close our stomachs up,
10 After our great good cheer: pray you, sit down,
For now we sit to chat, as well as eat.

[*they sit; the servants proffer wine, fruit, and so forth.*

PETRUCHIO.
Nothing but sit and sit, and eat and eat!
BAPTISTA.
Padua affords this kindness, son Petruchio.
PETRUCHIO.
Padua affords nothing but what is kind.
HORTENSIO.
For both our sakes, I would that word were true.
PETRUCHIO.
Now, for my life, Hortensio fears his widow.
WIDOW.
Then never trust me if I be afeard.
PETRUCHIO.
You are very sensible, and yet you miss my sense:
I mean, Hortensio is afeard of you.
WIDOW.
20 He that is giddy thinks the world turns round.
PETRUCHIO.
Roundly replied.
KATHARINA.
                    Mistress, how mean you that?
WIDOW.
Thus I conceive by him.
PETRUCHIO.
Conceives by me! How likes Hortensio that?
HORTENSIO.
My widow says, thus she conceives her tale.

termine, de rire des hasards et des périls dont on a réchappé. Fais bon accueil à mon père, ma belle Bianca, tandis que d'un même cœur je ferai fête au tien. Frère Petruchio, sœur Catarina, et toi aussi Hortensio, avec ta tendre veuve, faites joyeuse chère et soyez les bienvenus dans ma maison. Ce dessert [65] est destiné à clore nos appétits après le grand banquet. Veuillez donc, je vous prie, prendre place, car nous allons cette fois deviser autant que manger.

Ils s'assoient ; les valets présentent vin, fruits, etc.

PETRUCHIO.
Installons-nous donc et continuons de manger!
BAPTISTA.
C'est Padoue qui vous offre ces choses délicieuses, fils Petruchio.
PETRUCHIO.
Padoue n'offre rien qui ne soit délicieux.
HORTENSIO.
Je voudrais, pour nous deux, que cette parole fût vraie.
PETRUCHIO.
Sur ma vie, Hortensio, c'est la peur de ta veuve [66] qui te fait parler ainsi.
LA VEUVE.
Je veux bien qu'on ne me croie plus jamais, si j'ai peur!
PETRUCHIO.
Vous êtes pleine de sens et pourtant celui-là vous échappe. Je veux dire qu'Hortensio a peur de vous.
LA VEUVE.
Quand la tête vous tourne on croit que c'est la terre.
PETRUCHIO.
Joliment tourné!
CATARINA.
Madame, qu'entendez-vous par là ?
LA VEUVE.
C'est ce que Petruchio me fait concevoir.
PETRUCHIO.
Je la fais concevoir! Qu'en pense Hortensio ?
HORTENSIO.
Ma veuve dit quelle conçoit ainsi le dicton.

THE TAMING OF THE SHREW

V, 2. 25

PETRUCHIO.
Very well mended: kiss him for that, good widow.
KATHARINA.
'He that is giddy thinks the world turns round'—
I pray you, tell me what you meant by that.
WIDOW.
Your husband, being troubled with a shrew,
Measures my husband's sorrow by his woe:
30 And now you know my meaning.
KATHARINA.
A very mean meaning.
WIDOW.
     Right, I mean you.
KATHARINA.
And I am mean, indeed, respecting you.
PETRUCHIO
To her, Kate!
HORTENSIO.
To her, widow!
PETRUCHIO.
A hundred marks, my Kate does put her down.
HORTENSIO.
That's my office.
PETRUCHIO.
Spoke like an officer: ha' to thee, lad!

[*he 'drinks to Hortensio'.*

BAPTISTA.
How likes Gremio these quick-witted folks?
GREMIO.
† Believe me, sir, they butt together well.
BIANCA.
40 Head and butt! an hasty-witted body
Would say your head and butt were head and horn.
VINCENTIO.
Ay, mistress bride, hath that awakened you?
BIANCA.
Ay, but not frighted me, therefore I'll sleep again.

202

LA MÉGÈRE APPRIVOISÉE

PETRUCHIO.
Très bien rattrapé. Donnez-lui un baiser pour sa peine, bonne veuve.
CATARINA.
'Quand la tête vous tourne, on croit que c'est la terre...'
Je vous en prie, expliquez-moi quelle est votre pensée, Madame.
LA VEUVE.
Votre mari, affligé d'une mégère, mesure à son malheur le tourment de mon mari : et maintenant vous savez quelle est ma pensée.
CATARINA.
C'est une pensée bien basse [67].
LA VEUVE.
Eh, oui, puisqu'elle s'abaisse jusqu'à vous.
CATARINA.
Il est vrai que je ne vous vais pas à la cheville en diablerie!
PETRUCHIO.
Sus à elle, Cateau!
HORTENSIO.
Sus à elle, ma veuve!
PETRUCHIO.
Je parie cent marcs que ma Cateau la culbute!
HORTENSIO.
Hé là, c'est mon office!
PETRUCHIO.
C'est parler en officier! A ta santé, mon brave!

Il 'boit à la santé d'Hortensio'.

BAPTISTA.
Que pense Gremio de ce vif tournoi d'esprit?
GREMIO.
Certes, monsieur, ils donnent du front [68] vaillamment.
BIANCA.
Du front! De la corne bien plutôt, dirait quiconque a l'esprit vif.
VINCENTIO.
Tiens, Madame la mariée, cela vous a-t-il réveillée?
BIANCA.
Oui, mais pas effrayée; aussi vais-je me rendormir.

THE TAMING OF THE SHREW

V, 2. 44

PETRUCHIO.
Nay, that you shall not: since you have begun,
Have at you for a bitter jest or two.
BIANCA.
Am I your bird? I mean to shift my bush,
And then pursue me as you draw your bow...
You are welcome all.

[*she rises, curtsies to the company and leaves the chamber, followed by Katharina and the Widow.*

PETRUCHIO.
She hath prevented me. Here, Signior Tranio,
50 This bird you aimed at, though you hit her not—
Therefore, a health to all that shot and missed.
TRANIO.
O, sir, Lucentio slipped me like his greyhound,
Which runs himself, and catches for his master.
PETRUCHIO.
A good swift simile, but something currish.
TRANIO.
'Tis well, sir, that you hunted for yourself:
'Tis thought, your deer does hold you at a bay.
BAPTISTA.
O ho, Petruchio! Tranio hits you now.
LUCENTIO.
I thank thee for that gird, good Tranio.
HORTENSIO.
Confess, confess, hath he not hit you here!
PETRUCHIO.
60 A' has a little galled me, I confess;
And as the jest did glance away from me,
'Tis ten to one it maimed you two outright.
BAPTISTA.
Now, in good sadness, son Petruchio,
I think thou hast the veriest shrew of all.
PETRUCHIO.
Well, I say no: and therefore for assurance
Let's each one send unto his wife,
And he whose wife is most obedient,
To come at first when he doth send for her,
Shall win the wager which we will propose.

PETRUCHIO.
Oh, pour cela non. Puisque vous avez attaqué, je vais vous décocher un ou deux traits acérés.
BIANCA.
Suis-je votre gibier ailé ?[69] Je changerai de buisson, poursuivez-moi donc, tout en bandant votre arc... Buvez à votre aise[70].

Elle se lève, fait une révérence et quitte la salle, suivie de Catarina et de la Veuve.

PETRUCHIO.
Elle m'a échappé. Et c'est l'oiseau que vous avez visé, messire Tranio, sans pouvoir l'atteindre. Je bois à tous ceux qui ont visé et qui ont manqué leur but!
TRANIO.
Oh, Monsieur, Lucentio m'avait lâché comme un lévrier qui court le gibier, mais ne l'attrape que pour son maître.
PETRUCHIO.
Bonne image rapide, mais qui sent sa chiennerie.
TRANIO.
Vous fîtes bien, Monsieur, de chasser pour vous-même. On dit pourtant que c'est votre biche qui vous met aux abois.
BAPTISTA.
Tiens, tiens, Petruchio, voici que Tranio vous a pris comme cible.
LUCENTIO.
Je te remercie pour ce trait mordant, bon Tranio.
HORTENSIO.
Avouez, avouez, ne vous a-t-il pas touché, ce coup-ci ?
PETRUCHIO.
Il m'a un peu entamé, j'en conviens; mais comme sa flèche a ricoché sur moi, je gage dix contre un qu'elle vous a percés tous les deux d'outre en outre.
BAPTISTA.
A parler très sérieusement, fils Petruchio, je pense que tu possèdes la plus intraitable mégère.
PETRUCHIO.
Eh bien, moi, je le nie; et pour preuve, je propose que chacun de nous trois fasse quérir sa femme. Celui dont l'épouse se montrera la plus obéissante et viendra dès qu'il la demandera, celui-là gagnera la gageure que nous aurons fixée.

THE TAMING OF THE SHREW

V, 2. 70

HORTENSIO.
70 Content. What is the wager?
LUCENTIO.
                    Twenty crowns.
PETRUCHIO.
Twenty crowns!
I'll venture so much of my hawk or hound,
But twenty times so much upon my wife.
LUCENTIO.
A hundred then.
HORTENSIO.
            Content.
PETRUCHIO.
                    A match! 'tis done.
HORTENSIO.
Who shall begin?
LUCENTIO.
            That will I.
Go, Biondello, bid your mistress come to me.
BIONDELLO.
I go.

                                            [*he goes.*

BAPTISTA.
Son, I will be your half, Bianca comes.
LUCENTIO.
I'll have no halves; I'll bear it all myself.
                                    Biondello returns.
80 How now! what news?
BIONDELLO.
                Sir, my mistress sends you word
That she is busy, and she cannot come.
PETRUCHIO.
How! she is busy, and she cannot come!
Is that an answer?
GREMIO.
            Ay, and a kind one too:
Pray God, sir, your wife send you not a worse.
PETRUCHIO.
I hope better.

206

LA MÉGÈRE APPRIVOISÉE

HORTENSIO.
Marché conclu. Quelle sera la gageure?
LUCENTIO.
Vingt couronnes!
PETRUCHIO.
Vingt couronnes! C'est ce que je risquerais sur mon faucon ou sur mon chien. Je gage vingt fois plus sur ma femme.
LUCENTIO.
Alors, cent couronnes.
HORTENSIO.
Accepté.
PETRUCHIO.
Accepté. C'est chose faite.
HORTENSIO.
Qui commence?
LUCENTIO.
Moi!... Biondello, va dire à ta maîtresse de venir.
BIONDELLO.
J'y vais.

Il sort.

BAPTISTA.
Mon gendre, je suis de moitié avec vous. Bianca viendra.
LUCENTIO.
Je ne veux pas partager : je tiens le pari seul.

Biondello revient.

Eh bien, quelle nouvelle?
BIONDELLO.
Monsieur, ma maîtresse m'envoie vous dire qu'elle est occupée et qu'elle ne peut venir.
PETRUCHIO.
Quoi? Elle est occupée et ne peut venir... Est-ce une réponse?
GREMIO.
Oui-da, et une réponse polie. Priez Dieu, monsieur, que votre femme ne vous en fasse pas de pire.
PETRUCHIO.
Je compte sur une meilleure.

THE TAMING OF THE SHREW

v, 2. 86

HORTENSIO.
Sirrah Biondello, go and entreat my wife
To come to me forthwith.

[exit Biondello.

PETRUCHIO.
     O, ho! entreat her!
Nay, then she must needs come.
HORTENSIO.
      I am afraid, sir,
Do what you can, yours will not be entreated...

Biondello returns.

90 Now, where's my wife?
BIONDELLO.
She says you have some goodly jest in hand.
She will not come; she bids you come to her.
PETRUCHIO.
Worse and worse, she will not come! O vile,
Intolerable, not to be endured!
Sirrah, Grumio, go to your mistress;
Say, I command her come to me.

[Grumio goes out.

HORTENSIO.
I know her answer.
PETRUCHIO.
   What?
HORTENSIO.
    She will not.

PETRUCHIO.
The fouler fortune mine, and there an end.

Katharina stands in the doorway.

BAPTISTA.
Now, by my holidame, here comes Katharina!
KATHARINA.
100 What is your will, sir, that you send for me?
PETRUCHIO.
Where is your sister, and Hortensio's wife?

208

LA MÉGÈRE APPRIVOISÉE

HORTENSIO.
Biondello, va, drôle, et prie ma femme de venir ici immédiatement.

Sort Biondello.

PETRUCHIO.
Oh, oh, si vous la « priez », elle viendra sûrement.
HORTENSIO.
Quoi que vous fassiez, je crains, monsieur, que la vôtre résiste à vos prières.

Biondello revient.

Eh bien, où est ma femme ?
BIONDELLO.
Elle m'a répondu que vous méditiez sûrement quelque bonne plaisanterie et qu'elle ne viendrait pas. Elle vous enjoint d'aller la trouver.
PETRUCHIO.
De pis en pis. Elle refuse de venir. Réponse indigne, inadmissible, intolérable. Hé, Grumio, va, maraud, dire à ta maîtresse que je lui ordonne de venir me trouver.

Sort Grumio.

HORTENSIO.
Je connais la réponse.
PETRUCHIO.
C'est-à-dire ?
HORTENSIO.
Qu'elle refuse.
PETRUCHIO.
Ce sera tant pis pour moi, et tout sera dit.

Catarina apparaît sur le seuil.

BAPTISTA.
Par Notre-Dame, voici Catarina !
CATARINA.
Quelle est votre volonté, monsieur, et pourquoi m'envoyez-vous chercher ?
PETRUCHIO.
Où est votre sœur ? Où est la femme d'Hortensio ?

THE TAMING OF THE SHREW

V, 2. 102

KATHARINA.
They sit conferring by the parlour fire.
PETRUCHIO.
Go, fetch them hither. If they deny to come,
Swinge me them soundly forth unto their husbands...
Away, I say, and bring them hither straight.

[*she goes.*

LUCENTIO.
Here is a wonder, if you talk of wonder.
HORTENSIO.
And so it is; I wonder what it bodes.
PETRUCHIO.
Marry, peace it bodes, and love, and quiet life,
An awful rule, and right supremacy;
110 And, to be short, what not, that's sweet and happy?
BAPTISTA.
Now fair befal thee, good Petruchio!
The wager thou hast won, and I will add
Unto their losses twenty thousand crowns—
Another dowry to another daughter,
For she is changed, as she had never been.
PETRUCHIO.
Nay, I will win my wager better yet,
And show more sign of her obedience,
Her new-built virtue and obedience...

Katharina returns with Bianca and the Widow.

See, where she comes, and brings your froward wives
120 As prisoners to her womanly persuasion...
Katharine, that cap of yours becomes you not,
Off with that bauble, throw it under-foot.

[*she obeys.*

WIDOW.
Lord, let me never have a cause to sigh,
Till I be brought to such a silly pass!
BIANCA.
Fie! what a foolish duty call you this?
LUCENTIO.
I would your duty were as foolish too:

LA MÉGÈRE APPRIVOISÉE

CATARINA.
Dans le salon, assises au coin du feu à bavarder.
PETRUCHIO.
Va les chercher. Si elles refusent de venir, ramène-les à coups de trique auprès de leurs maris... J'ai dit. Va et revenez ensemble sans tarder.

Sort Catarina.

LUCENTIO.
Si jamais il y eut un prodige, en voici un.
HORTENSIO.
Certes. Et je me demande ce qu'il présage.
PETRUCHIO.
Parbleu, il présage l'amour, la vie paisible, l'ordre respecté et la légitime autorité : pour tout dire, rien qui ne soit bonheur et harmonie.
BAPTISTA.
Sois donc heureux, bon Petruchio! Tu as gagné la gageure, et je veux ajouter vingt mille couronnes à ce que les autres ont perdu : c'est une troisième dot que je donne à une troisième fille, car elle a tant changé qu'on ne saurait la reconnaître.
PETRUCHIO.
Patience, je veux gagner ce pari mieux encore, et vous donner une preuve plus grande de son obéissance, oui-da, de ses gains récents en vertu et en obéissance.

Catarina revient accompagnée de Bianca et de la Veuve.

Tenez, la voilà qui ramène vos épouses rebelles, captives de sa persuasion féminine. Catarina! La coiffe que vous portez là ne vous sied pas, ôtez-moi cet affutiau et jetez-le à terre!

Elle obéit.

LA VEUVE.
Seigneur! Puissé-je n'avoir aucun sujet de larmes avant d'en être réduite à tant de niaiserie!
BIANCA.
Fi! quelle sotte docilité est-ce là?
LUCENTIO.
Je souhaiterais que votre docilité eût pareille sottise : la

V, 2. 127

The wisdom of your duty, fair Bianca,
Hath cost one hundred crowns since supper-time.
BIANCA.
The more fool you, for laying on my duty.
PETRUCHIO.
130 Katharine, I charge thee, tell these headstrong women
What duty they do owe their lords and husbands.
WIDOW.
Come, come, you're mocking; we will have no telling.
PETRUCHIO.
Come on, I say, and first begin with her.
WIDOW.
She shall not.
PETRUCHIO.
I say, she shall—and first begin with her.
KATHARINA.
Fie, fie! unknit that threatening unkind brow,
And dart not scornful glances from those eyes,
To wound thy lord, thy king, thy governor:
It blots thy beauty as frosts do bite the meads,
140 Confounds thy fame as whirlwinds shake fair buds,
And in no sense is meet or amiable...
A woman moved is like a fountain troubled,
Muddy, ill-seeming, thick, bereft of beauty,
And while it is so, none so dry or thirsty
Will deign to sip or touch one drop of it...
Thy husband is thy lord, thy life, thy keeper,
Thy head, thy sovereign; one that cares for thee,
And for thy maintenance commits his body
To painful labour, both by sea and land,
150 To watch the night in storms, the day in cold,
Whilst thou liest warm at home, secure and safe,
And craves no other tribute at thy hands,
But love, fair looks, and true obedience;
Too little payment for so great a debt...
Such duty as the subject owes the prince,
Even such a woman oweth to her husband:
And when she is froward, peevish, sullen, sour,
And not obedient to his honest will,
What is she but a foul contending rebel,
160 And graceless traitor to her loving lord?

sagesse de votre docilité, belle Bianca, m'a coûté cent couronnes depuis le souper.
BIANCA.
C'est vous qui fûtes sot de miser sur ma docilité.
PETRUCHIO.
Cateau, je t'ordonne d'expliquer à ces femmes obstinées et rebelles leurs devoirs envers leurs seigneurs et époux.
LA VEUVE.
Allons, allons, vous vous moquez; nous ne voulons pas de leçon.
PETRUCHIO.
Va, fais ce que je t'ai dit et commence par elle.
LA VEUVE.
Elle n'en fera rien.
PETRUCHIO.
Elle le fera, dis-je. Commence par elle.
CATARINA.
Fi, fi, déride ce front dur et menaçant, et cesse de darder ces regards de mépris pour blesser ton seigneur, ton roi, ton gouverneur : cela souille ta beauté comme la gelée brunit les prés, gâte ta renommée autant que l'ouragan saccage les beaux bourgeons et n'est d'aucune façon convenable, ni aimable. Une femme irritée est comme l'eau troublée d'une source, fangeuse, répugnante, opaque et dénuée de toute beauté; tant qu'elle est en cet état, nul, si desséché et altéré qu'il puisse être, ne daignera en boire ou même en toucher des lèvres une seule goutte. Ton mari est ton seigneur, ta vie, ton gardien, ton chef, ton souverain, celui qui prend soin de toi et qui, pour assurer ta subsistance, soumet son corps à de durs travaux sur terre et sur mer, qui veille la nuit dans la tempête, le jour dans le froid, tandis que tu reposes, bien au chaud, dans la sécurité et la paix du logis, et qui n'attend de toi d'autre tribut que ton amour, un visage avenant et une sincère obéissance, maigres paiements pour une si grande dette. Le respect qu'un sujet doit à son prince, oui, ce respect même, une femme le doit à son époux; et lorsqu'elle se montre indocile, impertinente, maussade et acariâtre, lorsqu'elle refuse de se plier à son honnête volonté, qu'est-elle d'autre qu'une rebelle perfide, une ennemie, coupable d'une impardonnable félonie envers son tendre seigneur?

THE TAMING OF THE SHREW

v, 2. 161

I am ashamed that women are so simple
To offer war where they should kneel for peace;
Or seek for rule, supremacy, and sway,
When they are bound to serve, love, and obey...
Why are our bodies soft, and weak, and smooth,
Unapt to toil and trouble in the world,
But that our soft conditions and our hearts
Should well agree with our external parts?
Come, come, you froward and unable worms!
170 My mind hath been as big as one of yours,
My heart as great, my reason haply more,
To bandy word for word, and frown for frown;
But now I see our lances are but straws,
Our strength as weak, our weakness past compare,
That seeming to be most which we indeed least are...
Then vail your stomachs, for it is no boot,
And place your hands below your husband's foot:
In token of which duty, if he please,
My hand is ready, may it do him ease.
PETRUCHIO.
180 Why, there's a wench! Come on, and kiss me, Kate.
LUCENTIO.
Well, go thy ways, old lad, for thou shalt ha't.
VINCENTIO.
'Tis a good hearing, when children are toward.
LUCENTIO.
But a harsh hearing when women are froward.
PETRUCHIO.
Come Kate, we'll to bed.
We three are married, but you two are sped.
'Twas I won the wager, though you hit the white,

[*to Lucentio.*

And, being a winner, God give you good night!

[*Petruchio and Katharina depart.*

HORTENSIO.
Now go thy ways, thou hast tamed a curst shrew.
LUCENTIO.
'Tis a wonder, by your leave, she will be taméd so.

[*they all go off to bed.*

LA MÉGÈRE APPRIVOISÉE

J'ai honte de voir des femmes assez niaises pour offrir la guerre alors qu'à genoux elles devraient solliciter la paix; ou prétendre au pouvoir, à la suprématie, à l'empire, là où elles ont juré de servir, d'aimer et d'obéir... Pourquoi notre corps est-il délicat, frêle et lisse, inapte aux durs travaux, aux fatigues du monde, si ce n'est pour que la douceur de nos cœurs et de nos caractères s'harmonise avec nos dehors? Allons, allons, vermisseaux révoltés et impuissants, j'ai eu l'âme aussi altière que la vôtre, le cœur aussi fier, l'esprit plus prompt peut-être à rendre parole pour parole, menace pour menace; mais, je le vois aujourd'hui, nos lances ne sont que fétus, notre force est tout aussi faible, notre faiblesse sans égale quand nous affectons le plus d'être ce que nous sommes le moins... Renoncez donc à cette outrecuidance qui ne vous sert de rien, et mettez en signe d'obéissance vos mains sous les pieds de vos maris: s'il plaît au mien, ma main est prête à lui rendre cet hommage...

PETRUCHIO.
Ah, la brave fille! Cateau, viens çà me donner un baiser!

LUCENTIO.
Prends-en à ton aise, vieil ami, on ne te refusera rien.

VINCENTIO.
Il y a du bon quand les enfants sont sages.

LUCENTIO.
Il y a du mauvais quand les femmes renâclent.

PETRUCHIO.
Viens, ma Cateau, au lit! Nous voilà mariés tous les trois, mais vous deux, vous êtes cuits. Tu as fait mouche dans le blanc [71], Lucentio! mais c'est moi qui ai gagné la partie. Gagnant donc, je me retire. Que Dieu vous accorde une bonne nuit.

Sortent Petruchio et Catarina.

HORTENSIO.
Oui, tu peux triompher, car c'est une rude mégère que tu as matée!

LUCENTIO.
Permettez-moi de le dire, je reste pantois qu'elle se soit laissé apprivoiser ainsi!

Ils sortent.

NOTES

DU TRADUCTEUR

1. *Paucas pallabris.* Sly déforme les mots espagnols *pocas palabras* (trêve de discours). Cette expression appartenait à la langue des bateleurs et des larrons de l'époque.

2. *Saint Jeronimie.* Citation gauchie d'une réplique du héros dans *The Spanish Tragedy* qui était devenue (cf. Dr. Boas) une rengaine exprimant l'agacement. Sly y ajoute une confusion entre Hieronimo et saint Jérôme, peut-être aussi le prophète Jérémie.

3. *Quartenier.* Officier de police préposé à la surveillance d'un quartier :

> A Paris seize quarteniers
> A Montfaucon seize piliers.
> C'est à chacun son bénéfice.
>
> *(Satire Ménippée.)*

4. *Mort bœuf de boys !* (Rabelais.) Terme injurieux, associé à l'origine au mot *boie* : bourreau (*boie* : wallon, *boyou* : provençal, *boja* : italien, *boya* : espagnol). Nous trouvons dans Froissart *bourrel* et dans Rabelais *boys*, et *ventre beuf* (ou *bœuf*) *de boys*. L'acception usuelle de *boy* est ici exclue par le contexte.

5. *Le défaut le plus froid.* Un temps d'arrêt dans la poursuite : le fumet de la bête est froid, les chiens le perdent. Expression commune à l'époque.

6. *Soto.* Allusion à un personnage d'une comédie de Fletcher : *Women pleased*, 1620. *La Mégère*, publiée en 1594, fut remaniée en 1623.

7. *Barthélemy, mon page.* L'idée est toute naturelle puisque, à cette époque, les rôles de femme étaient tenus par de jeunes garçons.

8. *Burton-la-Lande (Burton the Heath), Wincot*, villages du Warwickshire, voisins de Stratford-on-Avon.

9. *A la...* Plusieurs interprétations ont été suggérées pour *Here's...* La plus simple semble être que Sly s'apprête à porter un toast qu'il interrompt parce qu'il a trop soif, ou que la réplique suivante abrège.

10. *Stephen Sly*, etc. Il existait à Stratford un Stephen Sly, et sans doute les autres noms désignent-ils des contemporains de Shakespeare, d'où leur effet comique certain en son temps.

11. *Commodité*. Sly déforme le mot *comedy*. *Commodity*, désignant un objet usuel, prépare le jeu de mots suivant sur *stuff* et *household stuff*. Ce mot désignait aussi des accessoires de théâtre (Sly parle de jongleurs).

12. *Fleurette... charrette*. Jeu de mots sur *to court* : courtiser, *to cart* : promener dans les rues sur une charrette, exposer à l'indignation et à la risée publiques, châtiment des criminels, des proxénètes et des prostituées.

13. *Catin... épouseurs*. Jeu de mots compliqué : *stale* : 1º objet de ridicule, 2º putain; *mate* : compagnon, mari. Enfin, *to stalemate* est, au jeu d'échecs, faire pat son adversaire, c'est-à-dire en triompher de manière vexante.

14. *Notre gâteau n'est cuit...* Expression proverbiale : nous avons échoué.

15. *L'anneau est à celui...* Double sens : course à l'anneau (à cheval) et anneau de mariage.

16. *Anne... pour la reine de Carthage.* Marlowe et Nashe avaient écrit *La Tragédie de Didon, reine de Carthage.* Lucentio confie à Tranio sa passion soudaine pour Bianca de la même manière que Didon confiait à Anne son amour pour Énée.

17. *Redime te captum...* Tranio tire sa citation de Lily qui lui-même cite Térence (*Eunuchus* I, 1, 30) : *Quid agas? Nisi ut te redimas captum quam queas minimo* : Libérez-vous en payant la rançon la plus faible qu'il vous sera possible.

18. *La fille d'Agénor*. Europe. (Ovide, *Métamorphoses*, II, 858.)

19. *Prends mon chapeau... de couleur*, etc. La livrée des serviteurs était généralement bleu foncé.

20. *Ne semble pas de taille...* Allusion (claire à l'époque) au jeu de cartes, le trente et un : *two and thirty a pip out*, pas tout à fait à la hauteur, phrase destinée à provoquer les rires, car Grumio est très petit.

NOTES DU TRADUCTEUR

21. *Aussi orde que la fiancée de Florent.* Florent, personnage de Gower (*Confessio Amantis*, livre I) est un chevalier contraint d'épouser une horrible sorcière parce qu'elle détient un secret dont sa vie dépend.

22. *La Sibylle* de Cumes, à qui Apollon accorda autant d'années de vie qu'il y a de grains dans une poignée de sable.

23. *Une figurine d'aiguillette.* L'aiguillette ou ferret de lacet représentait parfois un personnage, nécessairement en miniature. On disait en France : « un ferret d'aiguillette » pour désigner un objet sans valeur ou une personne insignifiante.

24. *Gardez vos croquemitaines* : *bug*, objet d'épouvante, se retrouve dans l'anglais moderne *bugbear*, bête noire; *bugaboo* : loup-garou; *bogey* : épouvantail.

25. *La fille de la belle Léda* : Hélène de Troie.

26. *Je danserai pieds nus.* La sœur aînée qui restait fille devait danser pieds nus au mariage de sa cadette. L'expression est devenue synonyme de rester vieille fille.

27. *J'irai garder les singes en enfer.* Autre phrase proverbiale appliquée aux vieilles filles. Pour avoir refusé de porter des enfants sur terre, elles devaient garder des singes en enfer.

28. *Elle se trompait de touches.* Double sens qui permet le jeu de mots suivant : *a fret* : une marque servant à guider le doigté sur le luth, la guitare, la mandoline. *To fret and fume* : rager, endiabler, bouillir d'impatience ou de colère.

29. *Cateau du Château-Gâteau* : *Kate of Kate Hall*. Katherine Hall est, dans le Sud de l'Angleterre, un des endroits où s'arrêta la reine Elizabeth, pour y prendre un repas, au cours d'un voyage. Toute la scène qui suit est un feu roulant de « concetti » portant sur de pures ressemblances de sons, et parfois obscènes. La plupart sont intraduisibles.

30. *Un tabouret* : *a joint stool*. Tabouret de bois fait par un menuisier *(joiner)*. Fréquemment cité dans des expressions proverbiales, toujours comme terme de dénigrement ou de ridicule.

31. *Pas mal pour une buse, busard!* Buzzard : *a)* faucon de mauvaise race, impossible à dresser, stupide; *b)* insecte bourdonnant.

32. Les répliques qui suivent jouent sur *tail, tongue, tale* (allitération) et paraissent nettement indécentes. Le poison dans la queue : *(In cauda venenum)*..., etc.

33. *Et vous y perdrez vos armes. Arms* : 1º armes, 2º bras. *To lose* : perdre, *to loose*, desserrer. 1º Vous perdez vos armes, vous cessez d'être gentilhomme. 2º Vous desserrez les bras et me libérez.

Il fallait, pour être gentilhomme, avoir des armes ou armoiries. On pouvait en acheter au Collège héraldique. Le père du poète John Shakespeare en avait fait la demande en 1596 et avait reçu son écusson en 1599.

34. *Une pomme aigre : a crab.* 1º pomme sauvage; 2º personne revêche, acariâtre.

35. *O ma chatte sauvage : a wild kate*, etc., jeu de mots sur *wild cat* : chat sauvage, et *house-hold cat* : chat domestique.

36. *Grisélidis* : héroïne des vieux fabliaux français et du *Décameron* empruntée par Chaucer *(The Clerkes Tale)*.

37. *Une denrée qui tournait à l'aigre*. Nouveau jeu de mots sur *fret* : 1º s'agiter, s'énerver; 2º en parlant de marchandises : se détériorer sous l'action de la rouille, de l'humidité, etc.

38. *Avec ma caraque* et réplique suivante. *Argosy*, navire marchand de grande taille et de fort tonnage, surtout employé à Raguse et à Venise. *Galliass* : lourd vaisseau, à coque basse, plus grand qu'une galère.

39. *Mon plus gros atout : a card of ten.* Dans les jeux d'autrefois, le dix était la carte la plus forte.

40. *Pédascule*. Mot forgé, à partir de pédant, sur le modèle de didascule (maître).

41. *Un panaché de toutes les couleurs*. Littéralement : où l'on s'est prêté à quarante fantaisies. Les commentateurs y voient une allusion à quelque ballade.

42. *Cavalier... valet d'écurie*. Jeu de mots sur *groom* : palefrenier, et *bridegroom* : marié, le jour des noces.

43. *Ayant lampé le muscat : quaffed the muscadel*. A l'issue de la cérémonie du mariage, les mariés et leurs invités buvaient une coupe de vin doux dans laquelle trempaient des morceaux de biscuit *(sops)*.

44. *Un de ces petits pots qui sont vite chauds*. Expression proverbiale, allusion à la très petite taille de Grumio.

NOTES DU TRADUCTEUR

45. *Au feu, au feu.* Déformation d'une chanson populaire de l'époque (sur l'air de *Frère Jacques*)

> *Scotland's burning (bis)*
> *See yonder (bis)*
> *Fire, fire! (bis)*
> *Cast on more water! (bis)*

46. *Sur l'air du tradéridéra : Jack, boy! ho boy!* Début d'une autre chanson populaire :

> *Jacke boy, ho boy, Newes :*
> *The cat is in the well.*

Newes (news) nouvelles. Curtis réclame les nouvelles.

47. *Emmener les gens en bateau : cony-catching. To catch :* attraper. *A catch* est aussi la forme des chansons *(canons)* que Grumio cite à tout propos. *Cony :* lapin (Rabelais : connis, et dans la langue du blason : connil). Enfin le verbe *to cony catch :* tricher, éviter, éluder, contourner, tromper, berner, en conter à quelqu'un.

48. *Les marmites sont-elles*, etc. *Be the Jacks fair within, the Jills without. Jack :* 1° un serviteur (le valet du jeu de cartes); 2° une outre à boire. *Jill :* 1° une servante; 2° *(gill)* un gobelet de métal. Enfin Jack et Jill sont les héros d'une ronde enfantine très connue :

> *Jack and Jill*
> *Went up the hill*
> *To fetch a pail of water...*

49. Série de jeux de mots sur les doubles sens de *countenance* et *face*, *to credit* et *to borrow*.

50. *Où est la vie que je menais...* et plus loin : *Au temps jadis un frère gris...* Fragments de deux ballades àujourd'hui perdues.

51. *Mon cousin Ferdinand...* Ce « cousin » n'apparaît jamais et c'est Hortensio que nous voyons entrer sans savoir comment ni pourquoi il est là.

52. *Art, cœur.* Jeu de mots sur *art* et *heart* qui ne se distinguent que par la présence de l'h aspiré.

53. *Comme au trente et un : eleven and twenty long*. Encore une allusion au jeu de trente et un (11 + 20) : juste de la longueur qu'il faut.

54. *Un ange cacochyme*. Jeu de mots : 1° le vieux monsieur va sauver la situation; 2° un « ange » *(angel)* était une pièce d'or d'une valeur de 10 shillings tombée en désuétude et le terme était employé pour désigner un digne vieillard de la bonne époque, par allusion à la monnaie dévaluée du jour.

55. *Comment se porte...* Jeu de mots cruel. *How fares... what cheer...* Les mots *fare* et *cheer* évoquent tous les deux l'idée de nourriture (chère).

56. *Le tailleur*. Les femmes, à cette époque, étaient généralement habillées par des hommes.

57. *Voici la coiffe*. Les femmes mariées portaient une coiffe, aussi bien à la maison que dehors.

58. *De la tarlatane : masquing-stuff*. Étoffe bon marché et de mauvaise qualité employée pour les costumes des « masques » ou les représentations d'amateurs.

59. *Une chaufferette de barbier : a censer in a barber's shop*. Censer : encensoir. Il s'agit sans doute d'un appareil fumigatoire ou d'un réchaud pour l'eau et les fers à friser.

60. *En sautant tous les ruisseaux*. Les commis de tailleurs étaient souvent décrits comme des gens qui sautillent. Le « saute-ruisseau » est le jeune apprenti qui doit être de petite taille puisque Petruchio le traite de *yard* (90 cm), de criquet, etc.

61. *Tu es expert en braveries : to brave*, à la fois *parer* et *braver* quelqu'un.

62. *Une robe à corps relâché*. L'indignation feinte de Grumio vient de ce que, à l'époque, les robes lâches, non ajustées, étaient portées par les filles de joie.

63. *L'avantage des armes : he shall have no odds*. Jeu de mots sur *odds* : 1° armes inégales, chances pour ou contre; 2° pour le tailleur, restes d'étoffe, chutes que garde l'ouvrier.

64. *Que doit rouler la boule. Bias*. Fort décentrement de la boule; verbe : *to bias* : 1° décentrer; 2° prédisposer contre quelqu'un.

65. *Dessert : banquet*. Désignait une forme compliquée de dessert composé de fruits, de friandises et de vins et que

NOTES DU TRADUCTEUR

l'on servait un moment après le souper, dans une pièce différente.

66. *La peur de ta veuve.* Quiproquo sur le verbe *to fear* qui signifiait à la fois craindre et faire peur. De même, plus loin, les deux sens de « concevoir » : comprendre et engendrer, féconder.

67. *C'est une pensée bien basse.* Jeu de mots sur le triple sens de *mean; to mean* : signifier, vouloir dire; *mean* : médiocre, vil, bas, et enfin sens particulier à l'époque *mean* : doux, docile. Cf. la réplique de Catarina.

68. *Ils donnent du front.* Jeu de mots sur *head and butt* : tête et queue, puis tête et corne. *To butt* : donner du front, donner des coups de corne.

69. *Suis-je votre gibier ailé?* Allusion aux méthodes employées par les oiseleurs à cette époque. Les oiseaux n'étaient tués que dans un arbre ou dans un buisson. Si l'oiseau se déplaçait, l'oiseleur devait le suivre jusqu'au buisson suivant.

70. *Buvez à votre aise.* Paroles courtoises traditionnelles que prononce la maîtresse de maison quand les femmes se retirent pour laisser les hommes boire et parler entre eux.

71. *Tu as fait mouche dans le blanc... White* : le cercle central d'une cible. En même temps, allusion au nom de Bianca, la femme de Lucentio.

TABLE

Préface	5
Notice	15
La mégère apprivoisée	17
Acte premier	23
Acte II	79
Acte III	107
Acte IV	133
Acte V	187
Notes du traducteur	217

GF – TEXTE INTÉGRAL – GF

95/05/M6822-VI-1995 – Impr. MAURY Eurolivres SA, 45300 Manchecourt.
N° d'édition 16086. – Mars 1993. – Printed in France.